Geheimnisse des
BUDDHISMUS

Tom Lowenstein

Geheimnisse des BUDDHISMUS

DIE HARMONIE VON KÖRPER UND SEELE

Titel der Originalausgabe
BUDDHIST INSPIRATIONS

Conceived, created and designed by Duncan Baird Publishers Ltd.
All Rights reserved
Copyright © Duncan Baird Publishers Ltd 2005
Text Copyright © Tom Lowenstein 2005
Copyright © der deutschen Übersetzung 2006
Patmos Verlag GmbH & Co. KG, Düsseldorf
Commissioned Artwork Copyright © Duncan Baird Publishers Ltd 2005
For copyright in the photographs see acknowledgement pages, which
are to be regarded as an extension of this copyright

Übersetzung aus dem Englischen: Andrea Farthofer,
für Print Company Verlagsgesellschaft m.b.H., Wien

Copyright für diese Ausgabe
© 2010 Gerstenberg Verlag, Hildesheim
Alle Rechte vorbehalten
Printed in Malaysia

ISBN 978-3-8369-2629-4

www.gerstenberg-verlag.de

Einer der Götter stieg herab und fragte den Buddha:
»Es gibt eine innere und eine äußere Verwirrung.
Diese Generation ist in einer Verwirrung gefangen.
Wer löst diese größte aller Verwirrungen?«
»Jene, die in Moral und Meditation verankert sind«,
antwortete der Meister, »lösen diese Verwirrung.«

Jata Sutta

Inhalt

Einleitung	8
EINS: LEBEN UND ERKENNTNIS	**14**
Samsara	16
Karma	18
Der Prinz, der die Wahrheit suchte	20
Die vier Begegnungen	22
Der große Abschied	25
Die Suche des Bodhisattva	26
Die Erfahrung der Erleuchtung	29
Mara, Gott der Dunkelheit	30
Frühere Leben	33
Die Edlen Wahrheiten	34
Die Vierte Edle Wahrheit	36
Buddhas Leben in der Welt	38
Der Tod des Buddha	40
ZWEI: DAS ECHO DER WEISHEIT	**42**
Im Wildpark	44
Das Sangha	46
Die *Feuerpredigt*	49
Das *Nirwana*	50
Das *Floß-Sutra*	52
Drei Merkmale des Daseins	54
Das Kausalgesetz	56
Die sieben Faktoren der Erleuchtung	58
Die sechs Vollkommenheiten	60
Die vollkommene Weisheit	62
Leere	65
DREI: WEGE ZUM HEIL	**66**
Zuflucht	68
Die Fünf Silas	70
Mönche und Laien	73
Meditation	74
Beginn der Meditation	75
Einsicht	76
Meditieren über die Natur	78
Am Loslassen arbeiten	81
Die Illusion durchschneiden	82
Universelle Liebe	84
Die innere Verwirrung	86
Mantras	88

Rezitieren des »Om«-Mantras	89	Die Einheit der Gegensätze	126
Gesänge	90	Visualisierung	128
Harmonie finden	91	Visualisierung eines Bilds der Liebe	129
Atmung	92	Tempel	130
Einsichtsmeditation	93	Gärten	133
Der Weg des Tao	94	Die Seidenstraße	134
Frühe Zen-Meister	96	Pilgerfahrten	136
Rinzai-Zen-Meister	98		
Zen-*Koans*	100	**FÜNF: SPIRITUELLER KOSMOS**	**138**
Der Soto-Zen-Meister Dogen	103	Der buddhistische Kosmos	140
Buddhismus und Sozialverhalten	104	Das Rad des Lebens	142
		Mandalas	144
VIER: HEILIGER SYMBOLISMUS	**106**	Die *Stupas*	146
Das Gesicht des Buddha	108	*Bodhisattvas*	148
Die Hände des Buddha	110	Gottheiten	150
Der *Bodhi*-Baum	113	Das Reine Land	152
Die Lotusblüte	114		
Zen-Malerei und Kalligraphie	116		
Die Bilder des Ochsen	118	Glossar	154
Dichtkunst	120	Literaturempfehlungen	156
Die Teezeremonie	122	Register	158
Tantra	124	Bildnachweis	160

Einleitung

Der Buddhismus entstand vor mehr als 2.500 Jahren in Indien und ist damit die älteste Weltreligion. Die buddhistische Lehre ist heute noch genauso lebendig wie für seine ersten Anhänger. Das ist auf die außergewöhnliche Anwendbarkeit des Buddhismus und dessen Ausrichtung auf die innere Erfahrung zurückzuführen. Die Lehre Buddhas verbreitete sich nach China, Japan, Tibet, Südostasien und mittlerweile auch in weite Teile der westlichen Welt. Trotz leichter Abwandlungen behielt sie die heilsame Botschaft bei, die unser Leben verändern kann.

Der Buddhismus entstand in einer rastlosen, von Zweifeln geprägten Zeit, in der die Menschen spirituelle Führung suchten. Er appellierte gleichermaßen an Kopf, Herz und Seele, deshalb hat er noch heute so viele Anhänger. Ob man nun ein erklärter Buddhist ist oder nicht – jeder kann dank der persönlichen Erfahrung durch die Lehren Buddhas Heilung erfahren. Der Buddha selbst betonte dies, als er seine Lehre als *Ehi-passaka* beschrieb: Lesen, Reflektieren, Meditieren. Dies ist heute ebenso gut wie möglich wie im alten Indien.

Der Buddha
»Meine Lehre befasst sich mit dem Leiden und damit, wie man dieses beenden kann.« So beschrieb der oft als der »große Arzt« bezeichnete Buddha einmal seinen Glaubenssatz. Das vorrangige Ziel bestand darin, einen Ausweg aus dem leidvollen menschlichen Dasein zu finden. Auch der Buddha hatte gelitten. Er vermochte es jedoch, seinen eigenen Leidenszustand zu analysieren, zu

EINLEITUNG

behandeln und andere anzuleiten, seinem Beispiel zu folgen und so Klarheit und Weisheit zu finden.

Der Buddha begann sein Leben allerdings nicht als religiöser Prediger. Der nordindische Prinz namens Siddhartha Gautama erhielt den Namen Buddha (»der Erleuchtete«) erst, als er sich als junger Mann bewusst der Realität des Lebens stellte. Sein früheres Leben ist nur aus Legenden bekannt. Diese berichten von seinem Verzicht auf eine Laufbahn am Königshof, seiner Vermählung und den Anfängen seiner spirituellen Reise. Der Großteil unseres heutigen Wissens über den Buddha bezieht sich auf seine Erwachsenenjahre, als er »seinen Kopf rasierte, eine Robe anzog und eine Bettlerschüssel nahm« und sich einem Leben in Askese und Meditation und der Lehre verschrieb. Die Erzählungen von Buddhas Reisen durch das Ganges-Tal sind mit Texten seiner Predigten durchzogen. Doch was an Buddhas Botschaft war neu oder anders?

Der indische Kontext

Buddha verzichtete auf ein familiäres und politisches Leben und wandte sich gegen die Religion seiner Zeit. Der Prinz Siddhartha war gemäß der orthodoxen brahmanischen Religion erzogen worden, deren Rituale und Götterverehrung

EINLEITUNG

einen Geist, der sich auf die innere spirituelle Freiheit konzentrierte, nicht interessierten. Auch die Ausrichtung der Hindu-Philosophen auf Seele und Göttlichkeit sprach den Buddha nicht an.

Doch mit der Abwendung von der gottergebenen und spekulativen Seite des Hinduismus war der junge Prinz nicht alleine. Das 6. Jh. v. Chr. war eine Zeit großer Veränderungen in Nordindien. Kriege, Naturkatastrophen und Hungersnöte führten zu einem beispiellosen Anstieg der städtischen Bevölkerung. Die Menschen stellten viele Fragen und waren verunsichert. Die Zeit der spirituellen Suche war angebrochen: Viele begaben sich auf Wanderschaft, lebten asketisch und diskutierten miteinander. Nachdem Siddhartha den Palast verlassen hatte, begab er sich ebenfalls auf Wanderschaft und versuchte, die Geheimnisse des Lebens zu enthüllen – zunächst durch selbst auferlegte Entbehrungen und später durch einen gemäßigten Mittelweg.

Der Kreislauf der Wiedergeburten im *Samsara*

Die meisten Asketen betrachteten das Leben nur als eine Stufe in einer Aufeinanderfolge von Wiedergeburten im *Samsara* – ähnlich einem unüberwindbaren Fluss. Sowohl Hindus als auch unabhängige Denker wie Siddhartha befassten sich mit der Frage, wie man »die andere Seite« und den Frieden des *Nirwana* (oder des »Nicht-Werdens«) erreichen konnte. Buddha fand eine Lösung,

die sich nicht einer etablierten Religion, einem sozialen Status oder einer Kaste verschrieb, sondern von tiefer Erkenntnis und individuellem Streben bestimmt war. Dies inspirierte Millionen von Menschen, sich auf das »Fahrzeug« seiner Lehre (Begriff der späteren Buddhisten) zu begeben, um den »Ozean« des *Samsara* zu überqueren. Jeder von uns lebt in dieser Flut – das vorliegende Buch, das sich mit dem Leben und der Lehre des Buddha befasst, soll Inspiration und Hilfestellung für eine eingehendere Beschäftigung mit diesem Thema bieten.

Nach dem Tod des Buddha

Der Buddha lehrte bis ins hohe Alter von 80 Jahren. Als er starb, hatte er ein großes Gefolge an Mönchen und Laien, die die Sangha, die Gemeinschaft, unterstützten. Nach dem Tod des Buddha lag es an dieser Gemeinde, den Fortbestand seiner Lehre und des Sangha zu sichern.

Zur Erinnerung an die Lehre des Buddha wurden Denkmäler mit seinen eingeäscherten Überresten errichtet. Bald darauf kamen 499 *Arahats*, erleuchtete Schüler des Buddha, zusammen, um einen Kanon seines Dharma (Lehre) zusammenzustellen. Zwei Mönche zitierten die Ordensregeln (*Vinaya*) und die Reden des Meisters (*Suttas*). Später kam mit dem *Abhidharma* eine dritte Gruppe von Lehrsammlungen hinzu; sie ergänzten den dreiteiligen »Korb« (*Pitaka*), das Kernstück der frühen buddhistischen Lehre. 500 Jahre lang wurden diese Texte auswendig gelernt und mündlich überliefert, bis sie im 1. Jh. n. Chr. in Pali, der

EINLEITUNG

originalen Sprache des Buddhismus, in Sri Lanka und Südostasien niedergeschrieben wurden.

Im 3. Jh. v. Chr. weitete der indische Kaiser Ashoka sein Reich vom Königreich Magadha, in dem der Buddha gelehrt hatte, bis in den Nordwesten und Süden Indiens aus. Der Buddhismus erfreute sich großer Beliebtheit, und Ashoka versuchte, mit dharmischem Frieden und dharmischer Gerechtigkeit zu regieren. Doch dem Buddhismus war ein Überleben in Indien nicht bestimmt. Der tief verwurzelte Hinduismus, der dem Buddhismus vorangegangen war, und die islamischen Eroberungen (8.–10. Jh. n. Chr.) bewirkten im 15. Jahrhundert die Auslöschung des indischen Buddhismus.

Die Ausweitung des Buddhismus

Die in Pali verfassten Texte stellten hauptsächlich die Lehre der Theravada-Schule des Buddhismus dar, einer der 18 Schulen, die in den 500 Jahren nach Buddhas Tod entstanden. Theravada war wahrscheinlich die erste Schule, die den Buddhismus über das indische Festland hinaustrug. Im 3. Jh. v. Chr. kam Theravada nach Sri Lanka und wurde zur Hauptreligion des Landes. Von dort verbreitete sie sich nach Burma (Myanmar), Thailand, Laos und Kambodscha, die auch heute noch vorwiegend theravadisch sind.

Im 1. Jh. n. Chr. entwickelten sich neue Gruppen von Buddhisten, die ihre Lehren als Mahayana oder »Großes Fahrzeug« charakterisierten. Die Mahaya-

EINLEITUNG

nisten empfanden Theravada hinsichtlich der Anzahl spiritueller Schüler, die auf die Fähre über den *Samsara* gelassen wurden, als zu restriktiv und bezeichneten diese anderen Schulen daher als Hinayana, »Kleines Fahrzeug«.

Den Mahayanisten zufolge steht allen Wesen die Erleuchtung offen, und in den Mahayana-Klöstern entstanden neue Texte in diese Richtung – von denen viele, so wurde behauptet, von Buddha selbst stammten. Ein weiterer wichtiger Aspekt des Mahayana war die *Bodhisattva*-Lehre. In der Mahayana-Terminologie ist ein *Bodhisattva* ein Wesen, dem Erleuchtung bestimmt ist, das jedoch gelobt hat, das *Nirwana* erst zu betreten, wenn es alle anderen Wesen in die Erlösung geführt hat.

Mahayana hatte eine starke Auswirkung auf die Schulen, die ab 50 n. Chr. in China, im 6. Jh. n. Chr. in Korea und Japan und im 7. Jh. n. Chr. in Tibet entstanden. Diese Ausbreitung des Dharma im Norden bewirkte eine wunderbare Wandlung des buddhistischen Gedankenguts, und viele Lehrer aus Tibet und Japan, wie etwa der gegenwärtige Dalai Lama und in der Mitte des 20. Jahrhunderts D. T. Suzuki, brachten uns im Westen das Dharma näher.

Dieses Buch soll die Leser mit unterschiedlichen Anregungen inspirieren, sich intensiver mit der Materie zu befassen. Der Abschnitt »Literaturempfehlungen« enthält Details über weitere Informationsquellen. Im Buddhismus geht es schließlich primär darum, persönliche Erfahrungen zu machen. Der buddhistische Weg steht allen offen – alle, die sich dafür interessieren, sind herzlich willkommen. Mögen alle glücklich werden!

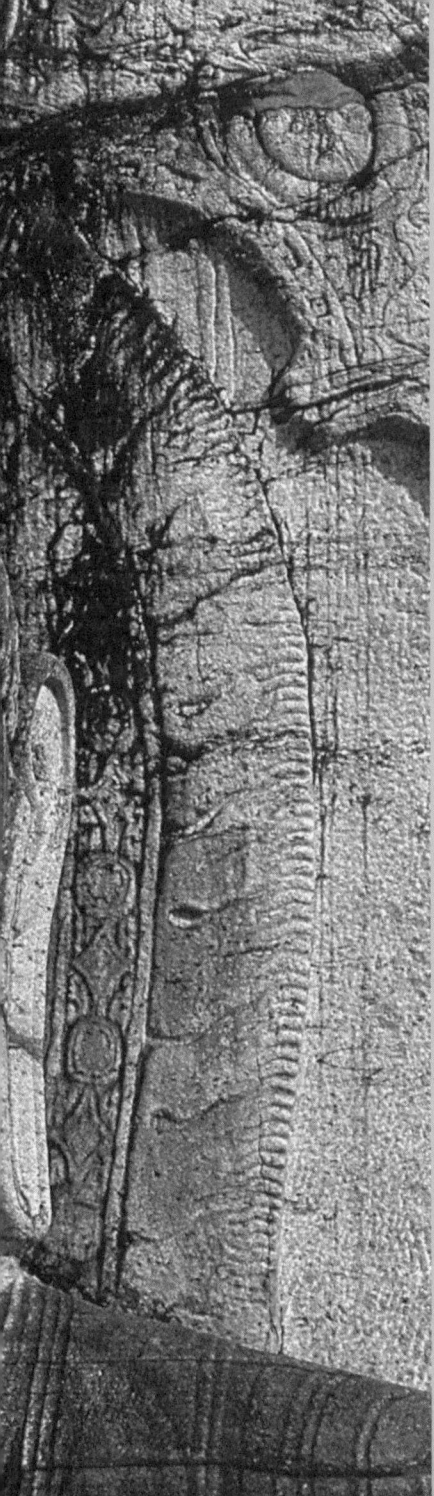

KAPITEL EINS

LEBEN UND ERKENNTNIS

Siddhartha Gautama entstammte einer wohlhabenden Adelsfamilie. Er trat sein Erbe als Prinz jedoch nicht an, sondern begab sich auf Wanderschaft; in asketischer Lebensweise machte er sich auf die Suche nach spiritueller Wahrheit. Frühe Legenden veranschaulichen das Ausmaß seiner Reise, und die bewegenden Berichte von seiner Erleuchtung legen die Wurzeln menschlichen Leidens offen. Sie eröffnen uns den Weg zur Weisheit.

Samsara

Zur Zeit des Buddha glaubten die Menschen in Indien, dass ihr Leben auf dieser Erde nur eine Phase in einer unbegrenzten Reihe von Wiedergeburten darstellte. Das gegenwärtige Leben war auf zahlreiche frühere Leben gefolgt, und nach dem Tod würde die Seele wieder in einen anderen Körper – eines Menschen oder Tiers – wandern. Dieses wiederkehrende Muster wurde als *Samsara* bezeichnet – Sanskrit für »ewige Wanderschaft«. Die Menschen fanden jedoch an der Vorstellung der Wiedergeburt keinen Gefallen, sondern fürchteten diese als eine Art der Gefangenschaft – in manchen Traditionen wurde *Samsara* durch Yama dargestellt, einen Angst einflößenden Todesgott (Abb. gegenüber).

Der Schritt in die Freiheit

Vor dem Buddha hatten schon viele Denker nach Wegen gesucht, um dem *Samsara* zu entkommen. Glücklicherweise überlebte die Lösung des Buddha. Obwohl sie mehr als 2.500 Jahre alt ist, steht sie heute allen Menschen offen, die ihren Platz in der Welt verstehen möchten. Die Vorstellung des *Samsara* kann unterschiedlich ausgelegt werden. Neben dem Bezug zu früheren Leben könnte es auch die Art beschreiben, wie wir unser jetziges Leben leben – mit Problemen, die wir geerbt oder in uns geschaffen haben. Bei der Seelenwanderung wiederholen wir die Muster, die unserem Glück und unserem spirituellen Wachstum im Wege stehen. Der Buddhismus kann uns helfen, unser inneres *Samsara* zu erkennen und einen Weg aus dem Labyrinth der Wiedergeburt zu finden.

LEBEN UND ERKENNTNIS

Karma

Der Sanskrit-Begriff *Karma* bedeutet eigentlich »Handeln« oder »Arbeit«. Doch im Buddhismus ist der Begriff weiter gefasst und beschreibt die Wirkung unserer Gedanken und Handlungen auf unseren Geist, unser Herz und unseren Körper. Unser persönliches *Karma* ist das Ergebnis dieser Handlungen.

Der Buddha erklärte, dass uns dieses Karma im *Samsara* hält und Wiedergeburten in diese Welt bedingt. Alle Wesen, sagte der Buddha, seien »Erben« oder »Kinder« ihres *Karma*. Wir sind das, wozu wir uns durch unsere Gedanken und Handlungen gemacht haben. Doch der Buddhismus unterscheidet auch zwischen positivem und negativem *Karma*. Gesunde Handlungen, die aus Freigebigkeit und spirituellem Bewusstsein entstehen, erzeugen gutes *Karma*. Handlungen, die auf Gier, Hass und Täuschung basieren, schaffen ein schlechtes *Karma*. Sowohl positive als auch negative Formen des *Karma* wirken sich auf die Umstände des gegenwärtigen Lebens und die Qualität der Wiedergeburten jedes Menschen aus.

Das gute *Karma* fördern

Man kann sich vom angesammelten schlechten *Karma* auch wieder befreien. Durch Meditation (S. 75) und positive Handlungen, wie etwa karitative Betätigung oder Almosen geben, fördern wir gutes *Karma*, das sich ebenfalls ansammelt. Mit außergewöhnlicher Freigebigkeit in einem seiner früheren Leben bot sich der Buddha einem ausgehungerten Tiger an und verringerte damit vorhandene Ansammlungen von schlechtem *Karma*.

Je mehr gutes *Karma* wir schaffen, desto weniger neigen wir dazu, schlechtes *Karma* zu erzeugen. Doch erst wenn wir alle karmischen Ansammlungen beseitigt haben, erleben wir keine weiteren Wiedergeburten in das *Samsara* und treten in das unsterbliche Reich des *Nirwana* ein.

Ursache und Wirkung

»Alles, was wir sind, ist das Ergebnis unseres Denkens: Es basiert auf und besteht aus unseren Gedanken. Wenn jemand mit bösen Gedanken spricht oder agiert, wird er von Schmerz heimgesucht, so wie das Rad dem Fuß des Ochsen folgt, der den Wagen zieht. Wenn jemand mit reinen Gedanken spricht oder agiert, wird er vom Glück verfolgt wie von einem Schatten, der ihn nie verlässt.«

Der Buddha, Dhammapada, ca. 5. Jh. n. Chr.

Der Prinz, der die Wahrheit suchte

Der Buddha hieß eigentlich Siddhartha Gautama; er wurde etwa im 6. Jh. v. Chr. in ein Herrschergeschlecht im heutigen Südnepal geboren. Legenden zufolge gebar ihn seine Mutter Mahamaya im Stehen und stützte sich dabei auf einen Ast eines überhängenden Baums. Der kleine Siddhartha wurde schmerzlos geboren. Binnen Minuten kündigte er an, dem *Samsara* entfliehen zu wollen. »Ich bin zur Erleuchtung geboren«, rief das Kind bei vollem Bewusstsein. »Das ist meine letzte Geburt in diese Welt.«

Der Prinz mit den vielen Fragen

Siddharthas Eltern und die Weisen des Hofes sagten dem Kind eine herrliche Zukunft als mächtiger Herrscher oder großartiger religiöser Lehrer voraus. Sein Vater war auf das Wohlergehen des Königreichs bedacht und wünschte sich seinen Sohn als Thronfolger. Doch der junge Prinz zeigte kein Interesse daran. Sein suchender Geist wollte nur eines – die Antwort auf die Frage: »Was ist der Sinn der weltlichen Existenz?«

In seiner Angst, dass Siddhartha zu viel von der Welt sehen und ihn dies dazu bewegen könne, ein Heiliger werden zu wollen, ließ der Vater seinen Sohn nicht mehr aus dem königlichen Palast. Doch umgeben von schönen Frauen und verwöhnt von dem bequemen Leben wurde Siddhartha bald rastlos. Er wusste, dass er das Leben außerhalb des Palasts sehen und selbst erleben musste, um das Wesen der weltlichen Existenz verstehen zu lernen.

Schnitzarbeit der wundersamen Geburt des Prinzen Siddhartha, Phnom Penh, Kambodscha

LEBEN UND ERKENNTNIS

Die vier Begegnungen

Die Bezeichnung für den Buddha vor der Erleuchtung lautet *Bodhisattva*, »Erleuchtungswesen«. Wie alle Menschen musste sich der Bodhisattva seine Erleuchtung hart erarbeiten. Und ehe er diese Reise antreten konnte, musste er das Leben außerhalb der schützenden Mauern des elterlichen Palastes erfahren.

Das Wesen der Welt

Eine bewegende Geschichte erzählt, wie die Götter, die in der Welt des Bodhisattva nur eine geringe Rolle spielten, vier dramatische Begegnungen für

Eine burmesische Buchillustration aus dem 19. Jh.: Prinz Siddhartha vor den vier Begegnungen

den jungen Prinzen arrangierten. Der Bodhisattva hatte die Aufgabe, diese tragischen Episoden zu überwinden.

Die vier Begegnungen wurden Siddhartha präsentiert, als er in einer Kutsche durch den Park des Palastes gefahren wurde. Die Götter dachten: »Der Prinz muss bald Erleuchtung erlangen. Wir geben ihm ein Zeichen.« Sie ließen einen Gott erscheinen – vom Alter gezeichnet, weißhaarig, zahnlos und zitternd. Der Bodhisattva fragte den Kutscher: »Was für ein Mensch ist das? So jemanden habe ich noch nie gesehen.« Als ihm der Kutscher vom Altern erzählte, rief der Prinz aus: »Verdammt die Geburt, da alle, die geboren werden, alt werden müssen!«

Der Weg des Verzichts

Bei den nächsten drei Ausflügen zeigten die Götter dem Prinzen einen kranken Mann, eine Leiche mit den Trauernden und zuletzt einen Asketen, der in stiller Armut durch die Welt zog. Siddhartha bat den Kutscher um eine Erklärung. »Dieser Mann hat sich glücklich von der Welt zurückgezogen.« Der Gedanke der Zurückgezogenheit gefiel Siddhartha. Diesen Weg wollte er selbst später auch beschreiten.

In einer seiner Reden erzählte der Buddha seinen Anhängern: »Als ich noch ein Bodhisattva war, entdeckte ich das Wesen von Geburt, Alter, Krankheit, Tod und Leiden. Nachdem ich das damit verbundene Elend gesehen hatte, gelobte ich, den höchsten Frieden des Nirwana zu suchen.«

Der große Abschied

Am Tag, als der Bodhisattva den Palast verließ, hatte er die Vision eines heiligen Mannes, die zeigte, dass seine Frau einen Sohn geboren hatte. Er stand nun vor der Wahl, ein Familienoberhaupt mit all den weltlichen Einschränkungen zu werden oder ein Leben jenseits der Konventionen zu führen.

Leben ohne Sinnlichkeit

Pali-Texte (*Vinaya*) beschreiben, wie sich der Bodhisattva schlafen legte. Als er erwachte, lagen die Begleiterinnen und Musiker um ihn herum. »Manche Körper waren feucht mit Speichel, manche knirschten mit den Zähnen, bei manchen waren die Kleider verrutscht, so dass sie ihre Nacktheit zeigten.« Dieser Anblick überzeugte den Bodhisattva, dass Sinnlichkeit Unglück bringen würde. Er beschloss, aufzubrechen und spirituelles Glück im »unsterblichen Zustand des Nirwana« zu suchen. Bevor er ging, suchte Siddhartha seine Familie auf. Seine Frau und sein Sohn schliefen auf einem mit Blumen bestreuten Bett. Er wusste: Wenn er seinen Sohn hochnähme, würde die Königin erwachen und versuchen, ihn von seinem Vorhaben abzubringen. Er ging fort, ohne sie zu wecken, und gelobte: »Wenn ich ein Buddha bin, werde ich zurückkehren.« Siddhartha verließ den Palast mit seinem Knecht Chandaka. Am Stadttor schnitt Siddhartha seine Haare und seinen Bart ab und zog ein gelbes Gewand an. Dann sandte er seinen Knecht zurück zum Palast und begab sich alleine auf Wanderschaft. So kam er zur Erkenntnis, dass »in der freien Luft die Freiheit der Welt liegt«.

Prinz Siddhartha und sein Knecht, chinesische Höhlenmalerei aus dem 10. Jh., nahe Dun Huang

Die Suche des Bodhisattva

Vor seiner Erleuchtung führte der Bodhisattva ein außergewöhnliches Leben. Er verließ einen Palast für ein Leben in Armut. Er lernte bei Meditationsmeistern; unzufrieden mit deren Unterricht schloss er sich einer Gruppe von fünf Asketen an, die meinten, dass das Kasteien spirituelle Befreiung bringen würde.

Ergebnislose Entbehrungen

Sechs Jahre lang meditierte und fastete der Bodhisattva und aß, so die Legende, jeden Tag nur ein Reiskorn. Sein Körper schrumpfte und wurde schwarz. Doch das, dachte der Bodhisattva, der dem Tod näher war als der Erleuchtung, war »wie wenn man sich bemühen würde, die Luft zu Knoten zu binden …«

Obwohl diese Entbehrungen letztlich keinen Wert hatten, lehrten sie ihn, dass ihn Askese der Wahrheit nicht näher bringen würde als ein Leben in Luxus. Die Entdeckung eines Mittelwegs brachte ihn auf seiner Reise eine Stufe weiter.

Der Weg zur Erleuchtung

Der Bodhisattva verließ seine fünf Kameraden. Er bettelte um Essen, und sein Körper nahm wieder seine goldene Farbe an. Kurz vor seiner Erleuchtung erfuhr eine junge Frau namens Sujata, dass er in ihre Gegend gekommen war. Sie füllte eine Schale mit Reismilch und brachte sie ihm. Sie erwies ihm ihre Ehre und meinte: »Herr, nehmen Sie diese Gabe an. Mögen Ihre Wünsche so gedeihen wie meine!« Gestärkt durch die Nahrung war der Bodhisattva bereit für die Erleuchtung.

Die Erfahrung der Erleuchtung

Nach sechsjähriger Wanderschaft erreichte der 34-jährige Bodhisattva das Königreich Magadha. Am Ufer eines Flusses dachte er: »Hier ist ein herrlicher Platz mit schönen Wäldern und Wasser. Das ist ein guter Platz, um Erleuchtung zu suchen.« Er setzte sich unter einen Feigenbaum. »Ich werde mich von hier nicht fortbewegen«, verkündete er, »ehe ich nicht absolute Weisheit und den höchsten Zustand des Friedens gefunden habe.« Dann meditierte er die folgenden 49 Tage.

Die Erleuchtung des Buddha fand in drei Stufen statt. Zunächst erkannte er die Unbeständigkeit der Dinge, dann prüfte er fünf Bereiche der Wiedergeburt, und zuletzt durchlief er acht Phasen eines meditativen Trancezustands. Zur Feier seiner Erleuchtung sandten die Götter einen Blumenregen und einen himmlischen Segen auf die Erde. Der Bodhisattva war zu einem *Buddha* geworden, einem »Erwachten«.

Die Erkenntnis zur Linderung aller Leiden

»So wie ein Blinder in Bergen von Müll ein Juwel finden kann, ist in mir der Geist des Erwachens erstanden. […] Dies ist die höchste Medizin, die alle Krankheiten der Welt lindert. Dies ist der Baum der Ruhe für jene, die von der Reise auf den Wegen weltlichen Seins erschöpft sind.«

Shantideva, der *Bodhicaryavatara*, 7. Jh. n. Chr.

LEBEN UND ERKENNTNIS

Mara, Gott der Dunkelheit

Mara ist der Gott des Todes, der Böse, die Versuchung. Er war dem Bodhisattva seit seinem Weggang vom Palast bis zur Nacht seiner Erleuchtung gefolgt. Mara wollte den Bodhisattva von seinem spirituellen Weg abbringen und der Welt somit den Buddha vorenthalten, der die Erlösung lehren würde.

Angriffe auf den Bodhisattva

Zunächst versprach Mara dem Bodhisattva die Weltmacht. Als dies nicht wirkte, versuchte der Gott bei jeder Gelegenheit, ihn vom Weg abzubringen. Dies gipfelte in einem spektakulären Angriff, als der Bodhisattva seine Erleuchtungsmeditation aufnahm.

Der erzürnte Mara rief seine Dämonen herbei – ein groteskes Heer, das Hass, Feigheit, Zweifel, Heuchelei, Stolz und Wollust verkörperte. Der tausendarmige Mara selbst ritt auf einem riesigen Elefanten. Sie entwurzelten Bäume, entzündeten Feuer, verschleuderten Sand und hüllten die Erde in Dunkelheit. Doch der Bodhisattva ließ sich nicht beirren. Maras Töchter boten dem Bodhisattva ihren Körper an. Der Bodhisattva meditierte weiter.

»Gib mir deinen Platz!«, schrie Mara erbost. Der Bodhisattva antwortete mit einer einfachen Geste: Er streckte seine rechte Hand aus und berührte die Erde. Die Erde toste: »Ich lege Zeugnis ab für den zukünftigen Buddha!« Maras Heer schmolz dahin. Als sich der Gott zurückzog, schrieb er auf den Boden: »Der heilige Bodhisattva ist meinem Königreich entflohen!«

Frühere Leben

Im Zuge seiner Erleuchtung sah der Buddha seine früheren Leben; mehr als 500 *Jataka* (Geburtsgeschichten) beschreiben seine Inkarnationen. In manchen ist er ein Tier, in anderen ein edler Prinz. Jede Geschichte zeigt seine wachsende Freigebigkeit und Selbstaufopferung, die zu seiner letzten Wiedergeburt als Buddha führte.

In einer Inkarnation war der *Buddha* der reiche Brahmane Sumedha. Sumedha lebte zur Zeit eines anderen Buddhas, Dipankara (siehe unten). Eines Tages näherte sich Dipankara dem Bezirk von Sumedha, doch die Straße war noch nicht fertig gestellt. Obwohl er einer hohen Kaste angehörte, legte sich Sumedha auf den Boden, damit der *Buddha* nicht auf den harten Boden steigen musste. Dies war der Augenblick, in dem Sumedha beschloss, selbst ein *Buddha* zu werden.

> **WEITERE *BUDDHAS***
>
> Vor dem Buddha lebten andere *Buddhas*, und auch in der Zukunft wird es weitere *Buddhas* geben. Einige Geschichten enthalten die Namen von mehr als hundert früheren *Buddhas*. Einer davon, der so genannte Dipankara, der Erleuchter, wurde in der mythologischen Stadt Depavati geboren. Er erhielt den Namen Dipankara, da es im Moment seiner Geburt eine wundersame Lichtwerdung durch eine Vielzahl heller *Dipa* (Lampen) gab.

Die Edlen Wahrheiten

Die Erkenntnis, die der Buddha erhielt, als er unter dem Feigenbaum saß, hat nichts Übernatürliches an sich. Seine Einsichten waren vielmehr sehr weltlich und realistisch. Sie waren jedoch so einschneidend, dass sie ihn und sein Leben veränderten, und mit diesem Erwachen befreite er sich selbst von Leid und Wiedergeburt.

Der große Arzt

Im Mittelpunkt der Erleuchtung des Buddha stand sein Verständnis dafür, wie es sich anfühlt, ein Mensch zu sein. Der erleuchtete Buddha wird manchmal als der »große Arzt« beschrieben; seine erste meditative Erkenntnis erscheint in Form einer Diagnose und einer Heilung. Der Buddha identifizierte die Krankheit, die die Menschheit heimsucht, und konnte somit ein Gegenmittel finden. Es handelt sich um die »Vier Edlen Wahrheiten«, und diese bilden den Kern des Buddhismus.

Die Erste Edle Wahrheit

Die erste Erkenntnis des Buddha besagte, dass alle Menschen ihr Leben als schmerzvoll und unvollkommen erleben. Er skizzierte dies wie eine Diagnose:

> *Was ist die Edle Wahrheit vom Leiden (Dukkha)? Geburt ist Leiden, Alter ist Leiden, Tod ist Leiden, Kummer, Schmerz, Trübsal und Verzweiflung sind Leiden. Etwas zu wollen und nicht zu bekommen ist Leiden …*

Die Zweite Edle Wahrheit

Mit der Zweiten Edlen Wahrheit diagnostiziert der Buddha die Ursache des Leidens, die universelle Bedingung:

> *Was ist die Edle Wahrheit vom Ursprung des Leidens? Erst die Gier führt zu Wiedergeburt, kombiniert mit Vergnügungssucht und Unwissenheit, einmal hier, einmal dort Lust empfinden, die Gier nach sinnlichen Erlebnissen, das Verlangen nach Existenz und auch nach Nicht-Existenz ...*

Die Dritte Edle Wahrheit

»Doch es gibt eine Möglichkeit, uns davon zu befreien«, erklärte der Buddha. In der Dritten Edlen Wahrheit verkündete er:

> *Was ist die Edle Wahrheit vom Ende des Leidens?*
> *Gleichgültigkeit gegenüber Gier und Freisein von jeglicher Gier.*

Mit der Vierten Edlen Wahrheit (siehe folgende Seiten) definierte Buddha den Weg aus dem Leiden: den Mittelweg oder den Achtfachen Pfad.

LEBEN UND ERKENNTNIS

Die Vierte Edle Wahrheit

Die ersten drei Edlen Wahrheiten klingen anfangs vielleicht lebensfeindlich. Doch in der Vierten Edlen Wahrheit enthüllt der Buddha eine lebensverbessernde Weisheit. Diese bietet eine Orientierung, wie wir unsere Gedanken und Handlungen modifizieren können, um ein Leben in Glück und Freiheit zu finden.

Der Mittelweg
Als Bodhisattva hatte der Buddha erkannt, dass es das Beste ist, spirituelle Erkenntnisse durch den Mittelweg zwischen dem Luxus seiner frühen Erfahrungen im Palast und der Askese seiner sechsjährigen Suche zu gewinnen. Vor der Erleuchtungsmeditation aß der Buddha reichlich (S. 26); dann vertiefte er sich in die Erforschung des Mittelwegs. Das Ergebnis dieser Meditation war die Vierte Edle Wahrheit, der Achtfache Pfad.

Der Achtfache Pfad
Die Lehre des Buddha (das *Dharma*) wird oft als Rad mit acht Speichen dargestellt. Jede Speiche symbolisiert ein Ideal. Gemeinsam bieten diese Ideale eine »Heilung« von dem endlosen Zyklus aus Leiden, Gier und Wiedergeburt. Der Buddha erklärte, dass wir in all unserem Denken und Handeln danach streben sollten, ausgeglichen, gelassen oder »vollkommen« zu werden. Auf der folgenden Seite sind die Komponenten des Achtfachen Pfads des Buddha skizziert, gefolgt von einer kurzen Erklärung.

LEBEN UND ERKENNTNIS

Die rechte Einsicht oder Erkenntnis. Das bringt uns der Lehre des Buddha näher (dem Dharma).

Die rechte Gesinnung oder Absicht. Dafür müssen wir unseren Willen und unser Verständnis dem Dharma unterwerfen.

Die rechte Rede. Dies ermutigt uns, ohne Falschheit und Bosheit zu sprechen.

Das rechte Handeln. Dies legt uns nahe, ehrlich und sanft zu sein.

Der rechte Lebenserwerb. Dies fordert uns zu einem Leben ohne Gier, verletzendem Verhalten oder Ausbeutung auf.

Die rechte Bemühung oder Anstrengung. Dies bedeutet, dass wir unsere Energien klug einsetzen sollten.

Die rechte Achtsamkeit. Dies empfiehlt, dass wir für innere und äußere Vorgänge besondere Aufmerksamkeit entwickeln.

Die rechte Sammlung. Dies erinnert uns, dass unsere Meditation immer konzentriert erfolgen sollte.

Die ersten beiden Regeln des Achtfachen Pfads lehren uns, Weisheit zu entwickeln. Regeln drei bis fünf beziehen sich auf das sittliche Verhalten, und bei den letzten drei Regeln geht es um das Geistestraining, den Zugang zur spirituellen Dimension.

LEBEN UND ERKENNTNIS

Buddhas Leben in der Welt

Der Buddha verbrachte einen Großteil seines Lebens auf Wanderschaft. Er durchstreifte die Wälder, durchschwamm sogar reißende Flüsse, er muss also eine robuste Erscheinung gewesen sein. In diesem Sinne gehörte er der körperlichen Welt an. Seine Loslösung vom Kastensystem und sein Wanderleben drängten ihn jedoch an den Rand der Gesellschaft. Das war sein Ziel. »Wie eine Lotusblüte«, sagte er, »wurde ich in diese Welt geboren und bin dennoch nicht von ihr gezeichnet.«

Der reisende Lehrer

Buddha beim Predigen, chinesische Fahne aus dem 8. Jh.

In den 60 Jahren seiner Missionstätigkeit bestimmten Meditation, Unterweisung seiner Anhängerschaft und Predigerreisen das einfache Leben des Buddha. Mit zunehmender Verbreitung der Lehre fanden sich wohlhabende Gönner: Kaufleute, Grundbesitzer und sogar der König von Magadha (ein Königreich im Gangestal) stellten Unterkünfte bereit, in die sich der Buddha und seine Schüler während der Regenzeit zurückziehen konnten. An diesen Stätten konnte der Buddha predigen, Fragen beantworten und seine Lehre erörtern.

Seine Leidenschaft: die Weitergabe seiner Lehre

Auf den Straßen Indiens gab es zahlreiche andere Prediger. Doch der selbstbewusste und scharfzüngige Buddha hatte eine einzigartige spirituelle Energie. Seine leidenschaftliche Mission war es, jenen Erleuchtung zu bringen, die »nur ein wenig Staub in den Augen hatten«.

LEBEN UND ERKENNTNIS

Der Tod des Buddha

Der junge Siddhartha hatte sich aufgemacht, das Problem von Leiden und Tod zu lösen. Gewöhnliche Menschen, so seine Überlegung, mussten nicht nur den Tod, sondern auch die Wiedergeburt ertragen. Nach seiner Erleuchtung würde der Buddha keine Wiedergeburt mehr erleben. Sein restliches Leben verbrachte er daher in einem gelassenen Zustand des »lebenden Nirwanas«. Ein Teil dieses Glücks kam aus der Zuversicht, dass er keine Wiedergeburt mehr erleben müsste.

Die letzten Tage

Noch in hohem Alter bewältigte der Buddha weite Strecken zu Fuß, doch er war anfällig und ruhebedürftig. Im Gespräch mit seinem Begleiter Ananda sagte er: »Ich bin 80 Jahre. Mein Körper ist wie ein alter Karren, der durch Riemen zusammengehalten wird. Nur beim Meditieren fühlt sich mein Körper wohl.«

Als der Tod des Buddha nahte, wiederholte er seine Lehre für seine Anhänger. Er warnte sie davor, sich auf seine Präsenz zu verlassen. »Seid euer eigenes Licht«, forderte er sie auf. »Seid eure eigene Zufluchtsstätte.« Den bekümmerten Ananda erinnerte der Buddha: »Das Wesen der Dinge verlangt, dass wir jene verlassen, die wir lieben.«

Eine letzte Mahlzeit

Die letzte Mahlzeit des Buddha wurde von einem Hufschmied namens Chunda gespendet. Der Buddha ahnte, dass eines der Fleischgerichte verdorben war. Aus Respekt vor der Gabe und sicher, dass ihn die Speise vergiften würde, aß der Buddha seine Portion und ließ den Rest vergraben. Es folgte eine qualvolle Übelkeit. Doch die Ruhe des Buddha war unerschütterlich.

Seine letzten Worte lauteten: »Mönche, trauert nicht. Selbst wenn ich eine Ewigkeit lebte, müsste mein Leben mit euch enden. Das ist das Wesen der Dinge. Übt, bekämpft das Unwissen und strebt nach Freiheit. Alle abhängigen Dinge sind vergänglich. Strebt eifrig!«

KAPITEL ZWEI

DAS ECHO DER WEISHEIT

Der Erwachte, seine Lehre und die Gemeinschaft der Buddhisten sind die »Drei Juwelen«, die den Kern des Buddhismus bilden. Alle Elemente der Religion entstammen der Erkenntnis des Buddha. In diesem Kapitel hören Sie das Echo der Stimme des Buddha und die Stimmen jener, die seine Weisheit weitertrugen. Sie sprechen alle leise, sind aber weithin zu hören.

Im Wildpark

Sieben Wochen verbrachte der Buddha unter dem Feigenbaum, der als *Bodhi-Baum* (Baum der Erleuchtung) bekannt wurde. Der Buddha stand vor einem Dilemma: Sollte er seine neuen Erkenntnisse für sich behalten oder in die Welt hinaustragen? Zunächst wollte er sie für sich behalten. Er war der Meinung, dass seine Erkenntnis einzigartig sei. Er hatte mehrere Lebenszeiten dafür gearbeitet, und es hatte viel Selbstschulung erfordert, diese zu verstehen. Er bezweifelte, dass er das in Worte fassen konnte, was er erlebt hatte.

Der Drang zu lehren
Als die Götter von diesen Zweifeln erfuhren, sandten sie, so die Legende, den Gott Brahma zu Buddha. Brahma sagte: »Nun, oh Weiser, da du selbst den Ozean des Werdens überquert hast, rette die anderen Wesen, die in ihrem Leiden tief gesunken sind!« Zusätzlich überzeugte den Buddha ein innerer Drang: Er erinnerte sich an sein Versprechen in seinen früheren Leben, alle Wesen zu erleuchten.

Die erste Predigt des Buddha
Der Buddha wanderte zu einem Wildpark außerhalb der Stadt Sarnath. Hier traf er die fünf halb verhungerten Asketen, mit denen er gelebt hatte, bevor er den Mittelweg fand. Als diese sahen, wie sich sein Körper erholt hatte, machten sie sich lustig, weil er vom Weg des Verzichts abgekommen war. Doch der Buddha verstrahlte ein solch helles Licht, dass die Asketen einsahen, dass er die Wahrheit entdeckt und das Nirwana erreicht hatte.

Der Buddha beschrieb ihnen seine Einsichten, wie sie in den Vier Edlen Wahrheiten (siehe S. 34–37) zusammengefasst sind. Seine Lehre war so überzeugend, dass alle Zuhörer erleuchtet wurden und selbst das Nirwana fanden. Die fünf Asketen waren die ersten Anhänger des Buddha. Die Predigt in Sarnath ist als »Das erste Drehen des Dharma-Rades« bekannt – die Verbreitung der Botschaft des Buddha in die Welt hatte begonnen.

Das Sangha

Die drei großen Säulen des Buddhismus sind: der Buddha, das Dharma und das *Sangha*. Zu Lebzeiten des Buddha bestand das Sangha (buddhistische Gemeinschaft) aus seinen Anhängern, zu denen Mönche, Nonnen und Laien zählten. Die Laien waren alle, die sich mit der Lehre des Buddha identifizierten oder die die Mönchsgemeinschaft durch Gaben unterstützten.

Natürlich hätte es ohne Buddha kein Dharma gegeben. Doch der Buddha nahm seine Anhänger äußerst wichtig. Auf die Frage: »Was ist das Wichtigste – Buddha, Dharma oder Sangha?« antwortete der Buddha: »Das Sangha.« Vielleicht meinte er damit, dass die Menschen durch gegenseitige Unterstützung leichter zur Erleuchtung finden und das Dharma besser verbreiten könnten.

Buddhistische Nonnen. Ihre Bekleidung entspricht der Tradition der Thai Theravada

BEITRITT ZUR BUDDHISTEN-GEMEINDE

Nicht jeder hat die Möglichkeit, einer Buddhisten-Gemeinde oder einem Meditationszentrum beizutreten. Doch es gibt weltweit immer mehr Dharma-Gruppen, und durch das Internet ist es möglich geworden, Klöster, Tempel und Meditationsgruppen zu »besuchen« – denn über das Internet kann jeder am weltweiten Sangha teilnehmen. Selbst wenn Sie dem Dharma alleine folgen, werden Sie durch Meditation und Hingabe Teil der größeren Buddhisten-Gemeinde.

Die *Feuerpredigt*

Die fesselnde *Feuerpredigt* soll bald nach der Erleuchtung des Buddha stattgefunden haben; sie befasst sich mit dem Feuer der Leidenschaft, das in uns allen brennt. Das sehr poetische Bild hat bis heute nichts von seiner Kraft verloren. Der Buddha sagt zunächst, dass alles brennt. Doch im Lauf seiner Predigt wird klar, dass er damit sagen will, dass wir selbst brennen:

> *»Alle Dinge brennen. Formen brennen. Das Auge, alle Sinnesorgane, der Körper und der Geist brennen. Angenehme und unangenehme Sinneseindrücke brennen. Und wodurch brennen diese? Sie brennen vor Leidenschaft, Verblendung, Widerwillen, Hass. Sie brennen bei Geburt, Alter, Tod. Sie brennen bei Kummer, Klagen, Elend, Trauer und Verzweiflung.«*

Löschen der Flammen

Der Buddha verdammt die Menschen nicht, die auf diese Art brennen – er schildert ein Problem. Wir leiden unter unserem inneren Feuer, doch man kann es löschen. Durch Anstrengung, Achtsamkeit und Verständnis können die Menschen ihr persönliches Feuer klar sehen lernen. Sobald sie das Wesen ihrer Flammen erkennen und Loslösung sowie Gleichmut anstreben, wird das Feuer ausgehen. Die Lehre des Buddha führt uns in einen kühlen Raum in uns selbst. Es ist kein Zufall, dass *Nirwana* ursprünglich »Ausblasen der Flamme« bedeutet.

Das Nirwana

Jeder hat schon vom *Nirwana* gehört. Es gehört zu den buddhistischen Begriffen, die in den modernen Sprachgebrauch eingegangen sind. Wir verwenden dieses Wort, um etwas Wunderbares zu schildern, das passiert ist, oder um ein persönliches Glück zu beschreiben, wie etwa ein Getränk nach einer langen Durststrecke, ein Urlaub in der Sonne nach einem harten Winter oder die Ekstase der Liebe. Doch leider wird die ursprüngliche Bedeutung dieses Worts fast in das genaue Gegenteil verkehrt.

Keine Wünsche und kein Selbst
Nirwana bezeichnet einen Zustand, in dem jede Vorstellung des Selbst ausradiert wurde, das Fehlen des Wunsches nach weltlichen Freuden und nach persönlicher Befriedigung in der Welt. Glück findet man nicht, indem man etwas bekommt, sondern indem man nichts mehr will. Diese Auslöschung der Wünsche und des Selbst ist in sich ein gelebtes *Nirwana*. Beim Tod kann dieses »Nicht-Selbst« nicht wiedergeboren werden. Das veranschaulichte der Buddha: Sein Leben war die letzte Inkarnation, und während sein Leben in der Welt selbst *Nirwana* war, kam er mit dem Tod in ein vollständiges *Nirwana*.

Die ursprüngliche Bedeutung des Sanskrit-Wortes gibt eine wertvolle Hilfestellung zum Verständnis von *Nirwana*. Wörtlich heißt Nirwana »Erlöschen des Feuers«. *Nirwana* bezeichnet daher ein Abkühlen. Wenn wir die »Hitze« und das »Feuer« aus unserer Leidenschaft nehmen, kann dabei wunderbare Gelassenheit entstehen. Der Buddha beschrieb *Nirwana* so: »Es ist Frieden. Absoluter Frieden. Das Ende der Bildung der menschlichen Persönlichkeit. Das Ende aller Elemente, die wiedergeboren werden könnten. Der Tod des Verlangens. Loslösung. Auslöschung.«

Das Fehlen der Form

Als der Buddha vom »Absoluten« sprach, bezog er sich auf einen Zustand, der bereits vorhanden ist, wenn wir diesen nur sehen und erleben könnten. *Nirwana* existiert im Fehlen der weltlichen Formen, die entstehen und vergehen. *Nirwana* ist: »Ungeboren. Unerzeugt. Ungeschaffen. Ungeformt. Würde dies nicht existieren, wäre keine Flucht aus der Welt des Geborenen, Geschaffenen und Geformten möglich.« Obwohl es für uns schwierig ist, diese Vorstellungen nachzuvollziehen, hätte der Buddha nicht vom Nirwana gesprochen, wenn dieses nicht erreichbar wäre. Das Leben und die Lehre Buddhas zeigen uns den Weg.

Das Floß-Sutra

Auf seinen Reisen musste der Buddha häufig Flüsse überqueren, die während des Monsunregens so stark angeschwollen waren, dass man das andere Ufer nicht sehen konnte. Der Weg durch solche turbulenten Gewässer, sagte der Buddha, war wie die Reise aus Leben und Wiedergeburt in *Samsara*.

Überqueren des Flusses

Diese Seite des Hochwassers – das Leben, wie wir es kennen – ist gefährlich und von Leiden erfüllt. Die andere Seite – weit entfernt und unsichtbar – ist das *Nirwana*. Was sollen wir tun? In einer berühmten Rede verglich der Buddha seine Lehre mit einem Floß, das man zur Überquerung des Flusses baut:

> *»Angenommen, dieser Mensch kommt zum reißenden Fluss. Er möchte auf die andere Seite gelangen, wo er in Sicherheit ist. Er denkt: ›Wenn ich Äste sammle und daraus ein Floß baue, könnte ich es ans andere Ufer schaffen.‹ Das tut er dann auch. Doch als er ankommt, denkt er vielleicht:*
>
> *›Das Floß war sehr hilfreich. Ich sollte meine Reise damit fortsetzen.‹*
>
> *Würde der Mann damit das Richtige tun? Oder sollte er auf das Floß verzichten und zu Fuß weitergehen?«*

Die Antwort ist klar – die Interpretation jedoch nicht unbedingt. Ja, das Dharma ist wie ein Floß. Doch der Buddha sagte: »Es dient zum Überqueren, jedoch nicht zum Anklammern!«

Selbstgenügsames Streben

Die Geschichte enthält zwei wichtige Botschaften. Zunächst liegt es an uns, das Dharma zu nutzen. Lehrer können uns das »Material« zeigen, aus dem wir unser Floß bauen, doch es liegt an uns, die harte Arbeit zu machen. Schließlich kann niemand stellvertretend für uns Erleuchtung erlangen.

Die zweite Botschaft lautet, sich nicht an das Dharma zu klammern. Es ist ein Weg zur Erlösung, aber kein Selbstzweck. Wenn wir uns an die Lehre des Buddha klammern, ist das so, als ob wir uns an ungesunde Dinge klammern, die Leiden verursachen. Der Buddha sagte: »Wenn ihr begreift, dass das Dharma wie ein Floß ist, solltet ihr alle mentalen Zustände aufgeben, selbst die guten.«

DAS ECHO DER WEISHEIT

Drei Merkmale des Daseins

Einer der höchsten Mönche Sri Lankas, Anandamaitreya Mahanayake, hielt einmal eine Rede über Leiden, Vergänglichkeit und *Anatman* (Nicht-Selbst). Er beschrieb, wie diese »Drei Merkmale des Daseins« die Grundlage des Buddhismus bilden. Dies kam einigen Zuhörern seltsam vor, da Mönche, die ihr Leben lang über diese scheinbar negativen Dinge nachdenken, meist frohe Menschen sind. Der damals etwa 90-jährige Redner war keine Ausnahme: Jede Geste war von Humor und Selbstvertrauen geprägt; der Tod ängstigte ihn nicht.

Das Leben annehmen

Wie, fragte jemand, kann solch ein lebenslustiger Mensch das Leben als Leiden definieren? »Es ist Leiden, aber dann auch wieder nicht«, war die vorsichtige Antwort. »Wenn man erkennt, dass alles vergänglich ist, stellt man fest, dass das Leben im herkömmlichen Sinn unbefriedigend ist. Die meisten Menschen leiden. Das liegt im Wesen der Welt. Und da die Wiedergeburt gewiss ist, sind wir weit vom *Nirwana* entfernt! Erst im *Nirwana* gibt es kein Leiden mehr.«

Die Wahrnehmung der Unbeständigkeit ist nur ein erster Schritt, die Vergänglichkeit des Lebens anzunehmen. Jeder Moment, und sei er noch so ereignislos, ist anders. Unser Leben und unsere Umgebung sind in einem ständigen Fluss. Wenn wir das verstehen, können wir das Geheimnis des dritten Merkmals lüften: *Anatta*. Dies erklärt die Abweichung des Buddha von den Hindu und der Yoga-Ausrichtung auf die Seele und das Selbst. Ihm missfielen mystische Spekulationen. Auf dieser Stufe bedeutet *Anatta* »kein Selbst, keine Seele«. Auf einer tieferen Stufe sagt uns *Anatta* jedoch, dass wir nicht das sind, was wir denken. Wenn wir unsere Identität betrachten, stellen wir fest, dass diese kein Zentrum hat. Wir sind eine Masse von Elementen, Ereignissen und Geschichten.

»Welcher Teil von mir«, fragte Anandamaitreya Mahanayake, »bin ich? Meine Erinnerungen, meine Ausbildung, mein Gewand?« Dann: »Ist es mein Daumen?« Kurz in das Reich der Quantenphysik abgleitend, schloss er: »Besteht dieser Daumen nicht nur aus Elektronen und Protonen in einem vergänglichen Prozess?«

DAS ECHO DER WEISHEIT

Das Kausalgesetz

Zusätzlich zu den Vier Edlen Wahrheiten, dem Achtfachen Pfad und den Drei Merkmalen des Daseins enthielt die Erleuchtungserfahrung des Buddha ein viertes wichtiges Element. Es handelt sich dabei um die Erkenntnis des Buddha über das Kausalgesetz (*Pratitya Samutpada*), eine mit der Karma-Theorie verbundene Einsicht.

Karma ist der Prozess, bei dem unsere Handlungen in der Psyche Spuren hinterlassen, die sich darauf auswirken, wie wir im nächsten Leben wiedergeboren werden (S. 18–19). Durch eine Schritt-für-Schritt-Analyse führte der Buddha diese Vorstellung aus und verdeutlichte die Aspekte der *karma*-erzeugenden Handlungen sowie deren Auswirkungen. Einige der Vorstellungen im *Pratitya Samutpada*, etwa jene der »*Karma*-Bildung« (*Sankhara*) und des »Sinnesbereichs« *(Ayatana)*, muten vielleicht seltsam an. Doch bei genauerem Studium macht die Erklärung des Buddha über die Kausalität psychologisch absolut Sinn.

Die Kette der Ereignisse

Das Gesetz des Buddha lautet:

Durch Unwissenheit entstehen der Wiedergeburt förderliche *Karma*-Formationen.

Durch *Karma*-Formationen entsteht Bewusstsein.

Durch Bewusstsein entsteht Form (Name und Körper).

Durch Form entsteht der Sinnesbereich.

Durch den Sinnesbereich entsteht Berührung.

Durch Berührung entstehen Empfindungen.

Durch Empfindungen entsteht Verlangen.

Durch Verlangen entsteht Bindung.

Durch Bindung entsteht der Prozess des Werdens.

Durch den Prozess des Werdens entsteht Wiedergeburt.

Durch Wiedergeburt entstehen Alter, Tod, Schmerzen, Kummer und Verzweiflung.

Durchbrechen des Kreislaufes

Spirituelle Unwissenheit steht am Anfang dieser Abfolge und führt, wie oben gezeigt, zu Verlangen und Bindung und damit zu Leiden und Wiedergeburt. Wenn wir jedoch das Dharma des Buddha verstehen, können wir Weisheit erlangen. Diese kehrt den Kausalprozess um – es gibt keine Wiedergeburt mehr.

Die sieben Faktoren der Erleuchtung

Vor seinem Tod verkündete der Buddha zum letzten Mal die Hauptbotschaft seiner Lehre; diese umfasste die so genannten sieben Faktoren der Erleuchtung. Wie beim Achtfachen Pfad handelt es sich dabei um ein Ideal, das die Menschen anstreben konnten. Er nannte folgende Faktoren: Achtsamkeit, Erforschung des Dharma, Fleiß, Freude, Ruhe, Konzentration und Gleichmut.

Am unerwartetsten scheint vielleicht die Freude. Doch diese verspürt der erfahrene Praktiker während der Meditation; sie entsteht auch, wenn man nach dem Dharma lebt.

Heilkräfte

Zur Zeit des Buddha verband man die sieben Faktoren mit Heilung. Einmal erkrankte ein Mönch namens Kassapa während der Meditation in einer Höhle. Der Buddha besuchte ihn und erkundigte sich nach seinem Befinden. »Ich habe starke Schmerzen«, antwortete Kassapa. »Es ist nicht besser.« Der Buddha erklärte ihm die sieben Faktoren der Erleuchtung und Kassapa war sofort geheilt.

Später, als der Buddha eines Tages selbst erkrankte, predigte ihm einer seiner Anhänger – möglicherweise in Erinnerung an die Heilung Kassapas – dieselbe Lehre, und auch der Buddha war geheilt.

Der Buddha beschrieb diese starke Wirkung einmal wie folgt: »So wie alle Dachsparren zum Giebel zeigen, so tendieren all jene, die die sieben Faktoren der Erleuchtung pflegen, zum *Nirwana*.«

Buddha ruft die Erde als Zeugin an, burmesisches Relief aus dem 6.–7. Jh.

Die sechs Vollkommenheiten

Ein tugendhaftes Leben und Meditation bedingen einander, und Lehrer der buddhistischen Hinayana-Tradition verkünden, dass diese beiden Wege zur Weisheit führen. Spätere Lehrer der Mahayana-Schule (S. 12) weiteten diese Vorstellung auf den »Weg der sechs Vollkommenheiten« aus. Diese »Tugenden« sind:

Freigebigkeit, Disziplin, Geduld, Fleiß, Meditation und Weisheit. Freigebigkeit bedeutet Geben, sowohl in materiellem Sinn als auch in Bezug auf Zeit, Energie und Liebe. Diszipliniertes Leben bedingt sexuelle Mäßigung, Gewaltlosigkeit, Ehrlichkeit und Anstand in der Sprache. Geduld bedeutet die Entwicklung von Gleichmut angesichts von Leiden und Freude. Energie bezieht sich auf die Energie bei spirituellen Bemühungen. In Verbindung mit Meditation führen die Tugenden zu Weisheit, schließlich zu Erleuchtung und Buddhaheit. Doch die Vollkommenheiten bedingen einander auch: Sobald eine fehlt, entsteht ein wankendes Gebäude.

Der Bodhisattva-Pfad

Eine weitere Beschreibung des Wegs der sechs Vollkommenheiten ist der »Bodhisattva-Pfad«. In der Mahayana-Tradition ist ein *Bodhisattva* ein heiliges

Wesen, das auf die Aussicht seines eigenen *Nirwanas* verzichtet, um anderen Erleuchtung zu bringen. Diese Freigebigkeit ist die ultimative Eigenschaft eines *Bodhisattva* und einer der Gründe, warum Freigebigkeit die Liste der Vollkommenheiten anführt.

SO WIRD MAN FREIGEBIG

Es gibt viele einfache Möglichkeiten, im täglichen Leben freigebiger zu sein. Hier ein paar Anregungen:

1 Versetzen Sie sich in die Lage anderer Personen. Überlegen Sie beim nächsten Gespräch, wie Ihre Worte und Handlungen auf Ihren Gesprächspartner wirken. Hören Sie zu und schätzen Sie die Aussagen des anderen. Wenden Sie dies auf alle Gespräche an.

2 Wenn wir nur wenig Energie haben, widmen wir Freunden und Verwandten wenig Zeit. Schaffen Sie in Ihrem Leben Raum, um ein Maximum an Liebe und Freundschaft zu geben.

3 Die meisten Menschen sind knapp bei Kasse. Es gibt aber fast immer Menschen und Verbände, die wesentlich bedürftiger sind als Sie. Spenden Sie für eine karitative Organisation und befassen Sie sich mit deren Arbeit.

Die vollkommene Weisheit

Philosophie geht manchmal Hand in Hand mit schillernden Mythen. Man behauptete etwa, dass die *Sutren der vollkommenen Weisheit* die Worte des Buddha waren, die 800 Jahre nach seinem Tod wiederentdeckt wurden. Der Legende nach hielt er diese Lehre für zu fortschrittlich; daher wurde sie zurück in das Königreich der Schlangen befördert, bis der Weise Nagarjuna sie fand.

Das doppelte Wesen der Dinge

Diese Texte, die das *Diamant-Sutra* und das *Herz-Sutra* einschließen, umfassen tiefgründige Lehren: Alle Dinge haben im Wesentlichen keinen Charakter – sie sind »leer«. Doch während alles ein »irrealer Traum« ist, muss allen Lebewesen doch echtes Mitgefühl entgegengebracht werden. Das *Diamant-Sutra* enthält das Gelübde des *Bodhisattva:* »Ich gelobe, alle Lebewesen ins *Nirwana* zu führen. Selbst wenn zahllose Wesen ins *Nirwana* geführt werden, wurde kein Wesen ins Nirwana geführt.« Ein weiterer offensichtlicher Widerspruch. Diese schwierigen Texte, die das paradoxe Wesen der Wirklichkeit analysieren, wurden auch als Mantras eingesetzt.

Ein Zauberspruch von großer Weisheit

Gate! Gate! Paragate! Parasamgate! Bodhi svaha!

Gegangen, gegangen, vergangen, allesamt vergangen, erwacht, freut euch!

Mantra aus dem Herz-Sutra, ca. 1. Jh. v. Chr.

Leere

Der Buddha beobachtete einmal einen seiner Schüler, Sariputra, als er aus der Meditation erwachte, und sah sein abgeklärt strahlendes Gesicht. »In welchem Zustand bist du, Sariputra?«, fragte der Meister. »Herr«, antwortete Sariputra, »ich befinde mich in einem Zustand der Leere.« »Gut gemacht«, entgegnete der Buddha, »Leere ist der beste aller Zustände.«

Das Wort »Leere« legt oft das Fehlen von Bedeutung nahe und ist daher eine irreführende Übersetzung des buddhistischen Worts *Shunyata*. Die buddhistische Leere, die alles andere als Bedeutungslosigkeit meint, bezeichnet die ultimative Freiheit im Reich der absoluten Wahrheit. Diese Wahrheit ist ohne Geburt und Tod. Wie Raum hat sie keinen Charakter.

Verstehen des »Nicht-Selbst«

In der weltlichen Realität scheint alles seine eigene Identität zu haben. Doch laut *Shunyata* ist diese vergänglich. Sie ist »wie eine Blase, eine Illusion, ein Traum«. Die Menschen und Dinge haben kein dauerhaftes Selbst, keine Eigennatur. Was in der Welt ist, ist in Wirklichkeit gar nicht. Der Buddhismus erkennt an, dass wir den Großteil der Zeit in einer weltlichen Realität leben und daher den Phänomenen verbunden bleiben und ein verantwortungsbewusstes Leben führen müssen. Sobald wir verstehen, dass diese Realität nur auf einer Ebene existiert, können wir uns durch Meditation einer Vorstellung von *Shunyata* annähern. Beim Meditieren wurde Sariputra Teil dieses freudvollen, grenzenlosen Zustands.

KAPITEL DREI

WEGE ZUM HEIL

Es gibt viele Arten, den Buddhismus zu praktizieren. Man kann seinen Glauben täglich bekräftigen, indem man Gelübde rezitiert. Gesänge und Mantras beruhigen den Geist, und von da ist es nur ein kleiner Schritt zur Meditation. Durch Übungen lernen Sie, Mitgefühl für andere zu entwickeln. Die Rituale des Zen können Klarheit bringen. Jeder dieser Wege bringt Heilung.

Zuflucht

Buddhisten bekräftigen ihren Glauben täglich durch Gesänge. In diesen Gesängen nehmen sie »Zuflucht« bei Buddha, dem Dharma und bei der Sangha (Gemeinschaft). In der Gruppe ist es leichter. Sie können die folgenden Worte jedoch auch alleine sprechen und sich dennoch zum größeren Sangha zugehörig fühlen. Die Wörter sind in Pali angegeben, einem alten mittelindischen Dialekt, der sehr schön klingt. Daneben finden Sie die Übertragung ins Deutsche.

Buddham saranam gacchami.   Ich nehme Zuflucht zu Buddha.
Dutiyam-pi Buddham saranam gacchami.   *Ein zweites Mal: Ich nehme Zuflucht zu Buddha.*
Tatyam-pi Buddham saranam gacchami.   *Ein drittes Mal: Ich nehme Zuflucht zu Buddha.*

Dhammam saranam gacchami.   Ich nehme Zuflucht zum Dharma.
Dutiyam-pi dhammam saranam gacchami.   *Ein zweites Mal: Ich nehme Zuflucht zum Dharma.*
Tatyam-pi dhammam saranam gacchami.   *Ein drittes Mal: Ich nehme Zuflucht zum Dharma.*

Sangham saranam gacchami.   Ich nehme Zuflucht zum Sangha.
Dutiyam-pi saranam gacchami.   *Ein zweites Mal: Ich nehme Zuflucht zum Sangha.*
Tatyam-pi saranam gacchami.   *Ein drittes Mal: Ich nehme Zuflucht zum Sangha.*

Die Fünf Silas

Die Fünf Silas sind die Grundprinzipien des buddhistischen sittlichen Verhaltens. Laien-Buddhisten können diese Regeln aufsagen, wenn sie eine heilige Stätte, ein Kloster oder einen Lehrer besuchen, sie können sie aber auch täglich aufsagen, um sich selbst an die Grundwerte des Buddhismus zu erinnern.

Ich gelobe, mich darin zu üben, kein Lebewesen zu töten oder zu verletzen.

Ich gelobe, mich darin zu üben, nichts zu nehmen, was nicht freiwillig gegeben wird.

Ich gelobe, mich darin zu üben, nicht zu lügen und wohlwollend zu sprechen.

Ich gelobe, mich darin zu üben, mich keinen anstößigen sexuellen Freuden hinzugeben.

Ich gelobe, mich darin zu üben, keine berauschenden Substanzen zu konsumieren, die den Geist verwirren und das Bewusstsein trüben.

Ethisches Leben

Diese Übungsregeln sind leicht verständlich, doch bei genauerer Betrachtung sehr tiefgründig. Nicht jeder Buddhist ist ein Pazifist. Manche tibetischen Mönche und Zen-Samurai waren Kämpfer. Nicht jeder Buddhist ist Vegetarier. Dennoch sind die Gelübde für Gewaltlosigkeit und für Respekt vor allem Leben das Herzstück des Buddhismus.

Das zweite Sila verbietet das Stehlen. Was gerne gegeben wird, darf man nehmen. Etwas gegen den Wunsch des Eigentümers zu nehmen, läuft der buddhistischen Ethik zuwider.

Das dritte Sila legt Respekt für andere Lebewesen nahe. Das schließt scheinheilige Worte aus, die eine Form der Lüge sind.

Das Gelübde bezüglich sexueller Verfehlungen besagt, dass Mönche sexuell enthaltsam leben und Laien sexuelle Mäßigung üben sollten.

Bewusstseinsverändernde Substanzen schalten Bewusstsein und Selbstbeherrschung aus. Nur durch Bewusstsein erhält man Einblicke in das *Dharma* (die Wahrheit). Ein Rauschzustand kann Grausamkeit und Leiden verursachen, daher fällt die letzte Sila ebenfalls in den Bereich der Ethik.

Tibetische Mönche während des Saga-Dawa-Festes, das die Erleuchtung des Buddha feiert

Mönche und Laien

Buddhistische Mönche und Nonnen verzichten auf Besitz, Verdienst und die Herstellung jeglicher Waren. Sie haben kein Zuhause und führen ein schlichtes, zölibatäres Leben. Dies mag freudlos klingen, bietet aber auch eine wunderbare Freiheit.

Mönche und Nonnen entsagen dem Wunsch nach Reichtum, Ruhm und Macht und können sich so auf die Erfahrung ihrer bloßen Existenz konzentrieren. Dennoch bestimmen strenge Regeln den Tagesablauf der Mönche. Sie müssen ihre einzige Tagesmahlzeit vor zwölf Uhr essen; Kleidung, Schlaf und Kommunikation mit Höherstehenden unterliegen einem strengen klösterlichen Kodex.

Gegenseitige Unterstützung

Die Mönche brauchen für diesen Lebensstil jedoch die Unterstützung von Laien. Jede Schüssel Essen ist eine Spende. Gewänder, Bücher, Land und Gebäude des Klosters müssen gespendet werden. Während die Laien arbeiten, um Mönche und Nonnen zu unterstützen, zeigen sich diese durch spirituelle Führung, Meditationskurse und sittliche Lehren erkenntlich. Die Klostergemeinde bietet besondere Inspiration. Mönche und Nonnen zeigen, wie die Lehre des Buddha lebendig bleibt, während das Leben einzelner Mönche die Möglichkeiten spiritueller Entwicklung veranschaulicht. Die Verantwortlichkeiten sind unterschiedlich, aber gemeinsam bilden Mönche und Laien eine sich gegenseitig tragende Gemeinschaft.

Vietnamesische Laien bei einer Weihrauchzeremonie, buddhistischer Tempel in Ho-Chi-Minh-Stadt

Meditation

Jeder Mensch meditiert auf seine Art. In der Steinzeit fertigten Menschen Höhlenmalereien von den Tieren, die sie verehrten. Stammesjäger lauern ihrer Beute stundenlang auf und schlagen dann mit Zen-ähnlicher Unmittelbarkeit zu. In der westlichen Gesellschaft genießen wir vielleicht einen schönen Ausblick und denken über unser Leben nach. Herman Melville beschrieb einen anderen Meditationszustand: »In der Seele liegt eine Insel Tahiti, voll von Frieden und Freude, doch umgeben von … halb bekanntem Leben.« Melvilles »Frieden und Freude« mag eine Folge von Meditation sein. Noch wichtiger ist es, durch Meditation die innere Dämmerung zu erhellen, die Melville »halb bekanntes Leben« nannte.

Der Weg zur Erkenntnis

Der buddhistische Weg kann die Erfahrung der Meditation und ihr Ergebnis verstärken. Vor seiner Erleuchtung beobachtete der Bodhisattva einen Mann beim Pflügen. Als er ihn, die erschöpften Ochsen und die verendenden Würmer sah, wurde er von Mitgefühl erfüllt. Er begann zu meditieren und beruhigte seinen Geist. »Wie schrecklich«, sagte er, »dass unwissende Menschen anderen Lebewesen nicht helfen, die ebenfalls Geburt, Leiden und Tod erleben!« Die Abgeklärtheit und das Mitgefühl des Bodhisattva verhalfen ihm zur Erkenntnis über das Leiden. Ruhe und Einsicht bleiben die beiden Säulen der buddhistischen Meditation. Die Worte des Buddha werden unsere Erfahrung.

Beginn der Meditation

Wenn Sie erstmals meditieren, erleben Sie glückliche Ruhe vielleicht als Selbstzweck. Später können Sie sich der Einsicht in das Wesen des Leidens und der Existenz nähern. Diese Übung ist eine gute Einführung in die Meditation. Beginnen Sie mit 5 Minuten. Üben Sie jeden Tag und steigern Sie auf sich 20 bis 30 Minuten.

1 Essen Sie vor der Meditation nur wenig. Tragen Sie bequeme Kleidung.

2 Ziehen Sie sich an einen Ort zurück, an dem Sie nicht gestört werden. Um den Geist zu beruhigen, beruhigen Sie zunächst Ihr ganzes Wesen. Machen Sie eine kurze Übungsabfolge, etwa Yoga, Stretching oder Tai Chi.

3 Nehmen Sie eine bequeme, aber stabile Position ein, vorzugsweise im Schneidersitz oder auf Kissen kniend.

4 Atmen Sie langsam ein und aus. Das Ausatmen sollte vollständig und entspannend sein. Verkürzen Sie allmählich die Atemzüge, bis Sie ganz normal atmen.

5 Konzentrieren Sie sich auf jeden Atemzug. Wenn Ihnen Gedanken kommen, nehmen Sie diese zur Kenntnis und wenden Sie Ihre Aufmerksamkeit dann wieder der Atmung zu. Sie können sich auch auf die Blume in der Mitte dieser Seite konzentrieren.

6 Beruhigen Sie Ihren Geist immer an jenem Punkt, wo das Ausatmen endet.

Einsicht

»Achtsamkeit« oder »Einsicht« sind die üblichen Übersetzungen für den Pali-Begriff *Sati* – ein Wort, das mit der Bezeichnung *Buddha* (»der Erwachte«) verwandt ist.

Wie der Buddha selbst in einer berühmten Rede betonte, ist die Einsichtsmeditation (später als *Vipassana*-Meditation bezeichnet, S. 93) der Weg zur Erleuchtung. Die Lehre des Buddha war direkt und leicht verständlich verfasst. Im *Satipatthana-Sutta* findet sich eine schöne Beschreibung darüber, wie ein Mönch darangehen sollte, *Sati* zu entwickeln:

> *»Er geht in den Wald zum Fuße eines Baums oder zu einer Lichtung. Dort setzt er sich im Schneidersitz aufrecht nieder und lenkt sein Bewusstsein auf die Atmung. Bewusst atmet er ein und aus. Er denkt: ›Ich atme langsam ein‹ und atmet langsam ein … Er fühlt, wie der ganze Körper ruhig wird, und denkt: ›Ich atme ein.‹«*

Ausweitung unseres Bewusstseins im täglichen Leben

Anschaulich beschrieb der Buddha die Bodenständigkeit dieses Vorgangs: »Wie ein Drechsler, der das Holz längs zur Faser bearbeitet, versteht, dass er es ›längs bearbeitet‹, so ist es auch mit der Versenkung in die Atmung.«

Dieser Vergleich zeigt, dass Meditation einen natürlichen Bestandteil unseres täglichen Lebens darstellen kann. Wir können die Einsichtsmeditation in einer Sitzposition, aber auch beim Gehen, Liegen und in der Interaktion mit unserer

WEGE ZUM HEIL

Umwelt praktizieren. Die Betrachtung der Atmung ist ein guter Ausgangspunkt für die »Betrachtung des Körpers«. Je mehr Erfahrung wir mit der Meditation bekommen, umso leichter können wir uns anderen Körperteilen und Handlungen, geistigen Prozessen und sogar dem gesamten Phänomen von Leben und Tod zuwenden. Dies, sagte der Buddha, verhilft uns zu einem freien Leben, und wir hören auf, uns an die materiellen Dinge zu klammern.

Für den Buddha war die Entwicklung der Achtsamkeit so wichtig, dass er erklärte, dass »dies der einzige Weg zur Überwindung des Leidens und Erlangung des Nirwana« sei. Es mag lange dauern, bis man so weit ist, doch die Übungen sind einfach und jeder kann sie ausführen.

Ein Mönch beim Meditieren über den geharkten Kieshügeln eines Zen-Gartens in Kyoto, Japan

Meditieren über die Natur

Selbst ohne Meditation im eigentlichen Sinn können wir in unseren Tagesablauf Momente des Innehaltens integrieren, um uns dem inneren Monolog aus Plänen, Erinnerungen und Gefühlen zu entziehen.

Eine gute Meditationsübung besteht darin, zurückzutreten und uns mit etwas Abstand zu betrachten. So sehen wir die Welt aus einem größeren Blickwinkel und sie gewinnt an Präsenz. Wir sehen und hören Dinge so, wie sie sind. Menschen und Gegenstände bekommen eine klare Identität und werden mehr als nur der diffuse Hintergrund unserer Selbstversunkenheit. Man kann fast überall meditieren, selbst in stressigen Situationen – wie im Stau oder in einem überfüllten Wartezimmer –, wir erfahren dabei einen neuen Zugang zur Welt.

1 Suchen Sie sich einen schönen Platz in der Natur, und machen Sie es sich bequem – im Stehen oder Sitzen.
2 Suchen Sie sich ein Objekt zum Meditieren, etwa eine Pflanze oder ein Gebäude.
3 Betrachten Sie den Umriss des Objektes, die Proportionen, Farben und Strukturen. Fassen Sie dies für sich in Worte. Nehmen Sie die unabhängige Existenz des Objekts zur Kenntnis.
4 Betrachten Sie das Objekt im Zeitverlauf: seine Vergangenheit, seine Gegenwart, seine Zukunft.
5 Erweitern Sie Ihren Blickwinkel. Betrachten Sie die physische Umgebung des Objekts.
6 Lassen Sie die externe Realität ihren Reichtum und ihre Macht entfalten. Betrachten Sie diese, so lange Sie möchten.

WEGE ZUM HEIL

Am Loslassen arbeiten

Jeder von uns hegt Wünsche. Wir fühlen uns unvollständig und hängen an der Vorstellung zukünftiger Erfüllung, ob durch Reichtum, Ruhm oder Sex – oder sogar Erleuchtung. Dies ist ein Ausdruck der Wünsche, die unserer Unzufriedenheit zugrunde liegen. Wenn wir übermäßig klammern, binden wir uns an starre Ansichten und bequeme Rituale – auch buddhistischer Natur. Wenn wir uns von unseren Sehnsüchten distanzieren, wachsen wir in Freiheit. Die Figur in der Abbildung ist Teil der meditierten Szene, gleichzeitig ist sie losgelöst. Losgelöst auch von der herkömmlichen Gesellschaft, genügt sie sich selbst. Sie findet Befreiung von Raum und Zeit und existiert nur im Rahmen der großen Phänomene. Mit folgender Übung können Sie sich in ähnlicher Weise befreien.

1. Setzen Sie sich hin und denken Sie an einen starken Wunsch. Wünschen Sie sich eine Beförderung, ein größeres Haus oder einen größeren Freundeskreis?
2. Analysieren Sie die Gedanken und Gefühle, die dieser Wunsch auslöst. Sind Sie neidisch, unzufrieden oder frustriert?
3. Stellen Sie sich ein Bild von sich selbst in Relation zu Ihrem Wunsch vor. Lassen Sie zwischen den beiden Bildern etwas Raum. Vergrößern Sie diesen sukzessive und entspannen Sie sich in der Befreiung.
4. Machen Sie diese Übung in den nächsten Wochen regelmäßig. Sie werden Ihre Wünsche dabei vielleicht nicht los, doch Sie lernen, in größerer Freiheit damit umzugehen. Wenn sich die Welt ändert, können Sie Schritt halten.

Die Illusion durchschneiden

Viele Buddhisten streben nach der »richtigen Wahrnehmung«, einer nicht verschleierten Sicht der Welt und der Existenz. Doch die Wahrheit lässt sich nur schwer erkennen, wenn unser Geist rastlos und von Wünschen bestimmt ist.

Vieles, was wir tun, wie Arbeit oder Familienbetreuung, ist dringend und notwendig. Doch wir lassen uns auch von Träumen ablenken, was wir lieber täten. Diese imaginären Möglichkeiten verschleiern die Sicht auf die Wirklichkeit in uns. Doch wenn wir uns bemühen, haben wir die Fähigkeit, auf den Grund unserer rastlosen Beschäftigungen zu blicken. Manjushri, der *Bodhisattva* der Weisheit, ist schön und stark. Die Weisheit wird durch sein Schwert verkörpert; es kann uns helfen, Ignoranz und Illusion zu durchschneiden.

1 Setzen Sie sich in Meditationspose hin und atmen Sie gleichmäßig. Verlangsamen Sie den Gedankenfluss, der Ihrer Einsicht im Wege steht.

2 Stellen Sie sich Manjushri, wie auf dem Bild rechts gezeigt, vor. Betrachten Sie die Abgeklärtheit seiner Haltung und die Macht seines Schwertes. Es kann die Knoten durchtrennen, die uns an die Illusion binden.

3 Betrachten Sie die heilige Schriftrolle in seiner Hand und spüren Sie die Ausstrahlung ihrer Weisheit.

4 Stellen Sie sich vor, wie das Schwert Ihre Illusionen durchtrennt. Wiederholen Sie sein Mantra: »*Dhi Dhi Dhi Dhi Dhi …*« Sagen Sie: »Möge ich die Weisheit des Buddha erlangen. Möge meine Weisheit so wachsen wie jene von Manjushri.«

Universelle Liebe

Der Buddha beschrieb »Vier Erhabene Geisteszustände«, die zur Wiedergeburt im höchsten buddhistischen Himmel führen. Dabei handelt es sich um Gleichmut (*Upeksa*), Mitgefühl (*Karuna*), Mitfreude (*Mudita*) und universelle Liebe (*Metta*). Ohne Einsicht führen diese nicht in das Nirwana; doch wenn man diese Zustände verinnerlicht, bringt dies großen weltlichen Verdienst.

Liebe für uns und andere

Die Tatsache, dass der Buddha sein Wissen an andere weitergab, ist in sich ein Akt des Mitgefühls. Jeder, der diesem Weg folgt, wird sein eigenes Leiden mindern und durch sein Mitgefühl dazu beitragen, andere zu heilen. Die Wertschätzung der Erfahrung anderer hilft uns dabei, auch uns selbst besser zu heilen.

Der »Weg der Reinigung«, ein Meditationsführer aus dem 5. Jh. n. Chr., beschreibt *Metta* als »Freundlichkeit und das Verschwinden von Feindseligkeit« gegenüber anderen. Mit großer Einsicht wird uns nahe gelegt, universelle Liebe zu entwickeln, indem wir diese zunächst auf uns selbst richten. Ähnlich beginnt eine Übung für liebevolle Güte auf Basis des Pali *Metta-Sutta*: »Möge ich glücklich und frei von Leiden sein!« Durch den Wunsch, Glück in sich selbst zu finden, kann man sich die Sehnsucht der Mitmenschen nach demselben Glück vorstellen. Auf der zweiten Stufe der *Metta*-Meditation schenken wir die universelle Liebe einem geliebten Menschen. Die dritte und vierte Stufe sind schwierig: Es gilt, Menschen, die uns gleichgültig sind oder die wir verabscheuen, *Metta* zukommen zu lassen.

HEILUNGSPRAKTIKEN

Es ist hilfreich, sich vorzustellen, dass diese Menschen in einem früheren Leben unsere Eltern oder Kinder waren.

> »Menschen, die Gutes tun und den Weg zum Frieden suchen, sollten daher handeln: Mögen sie offen sein, sanftmütig, zufrieden, gelassen, bescheiden und nicht stolz. [...] Sie sollten denken: »Mögen alle Wesen glücklich sein! Möge niemand andere betrügen, verachten oder ihnen Böses wünschen. So wie eine Mutter ihr Kind beschützt, mögen die Menschen ein Herz für alle Wesen entwickeln!«

Das Metta Sutta

Hier eine heilende Zeile, die man in Pali leise wiederholen oder laut singen kann:

> *Sabbe satta sukhito hontu!*
> *Mögen alle Wesen glücklich sein!*

Die mitfühlende Göttin Kuan Yin, Holzstatue aus der chinesischen Yuan Dynastie (1206–1368)

WEGE ZUM HEIL

Die innere Verwirrung

Stellen Sie sich einen Wald vor. Die Bäume sind riesig, das Blätterdach ist dicht, und die Wege sind von Dickicht überzogen. Affen kreischen und schwingen sich durch die Bäume. Raubtiere und Dämonen durchstreifen die Büsche. Die alte indische Literatur ist reich an Bildern von Gefahr, Tumult und Täuschung.

Doch im Wald ist auch der Held unterwegs. Zunächst im Dschungel verloren, triumphiert er schließlich doch. Indische Weise meditierten in Zurückgezogenheit; in der Dunkelheit und im Dickicht suchten sie nach Erleuchtung.

Einen Ausweg suchen

Doch der Wald ist mehr als ein Schauplatz. Vor der Erleuchtung ist das Selbst ein kompliziertes Wirrwarr. Der Geist, sagen die Lehrer, ist ein rastloser Affe. Den Ausweg aus dieser Verwirrung bilden Überwindung von innerer Unruhe und Meditation. Dadurch gelangen wir an einen Ort des Friedens, des Lichts und der Sicherheit. Einer der Götter stieg herab und fragte den Buddha: »Es gibt eine innere und eine äußere Verwirrung. Diese Generation ist in einer Verwirrung gefangen. Wer löst diese größte aller Verwirrungen?« »Jene, die in Moral und Meditation verankert sind«, antwortete der Meister, »lösen diese Verwirrung.«

Wenn wir über die Zukunft spekulieren, uns Sorgen machen, herumeilen und über diese und jene Theorie der Existenz diskutieren, landen auch wir in einem »Wirrwarr und Dickicht«. Wenn wir den Geist beruhigen, einfach und in der Gegenwart leben, finden wir unsere Richtung und unseren Weg.

Mantras

Mantras sind mystische Silben, die zur Heilung von Körper und Seele, Beruhigung des Geistes und Herbeiführung erhabener Bewusstseinszustände benutzt werden. Das große buddhistische Mantra lautet: »Om mani padme hum«.

Einfachheit und Komplexität der Bedeutung

Die Silbe »Om« wird wie eine Abfolge der Buchstaben »a«, »u« und »m« ausgesprochen. Diese Töne stehen für die Komplexität aus Wachsein, Schlafen und reinem, traumlosem Bewusstsein. »Mani padme« sind die beiden Wörter, die grammatikalisch richtig sind. Sie bedeuten: »Juwel im Lotus«. Das Schweigen nach »Om« schafft Raum für ein intensives Bewusstsein. Eine Übersetzung des Mantras lautet: »Huldige dem Juwel in der Lotusblüte!« In anderen Worten bedeutet das die Huldigung des erleuchteten Geistes, der in der Reinheit des Dharma ruht.

»Om mani padme hum« ist das Mantra des mitfühlenden Bodhisattva Avalokiteshvara. In Tibet und Nepal ist dies das auf Gebetsrädern (so genannte Mani-Räder) vermerkte *Mantra*. Wenn diese gedreht werden, wird die Kraft des Mantras aktiviert und die Liebe des *Bodhisattva* angerufen.

Das gesamte buddhistische Dharma soll in diesen mystischen Silben liegen, und Seine Hoheit der Dalai Lama erklärte, dass das dreiteilige »Om« unseren unreinen Körper, unsere Sprache und unseren Geist sowie den erhabenen Körper des *Buddha*, seine Sprache und seinen Geist symbolisiert.

Gebetssteine in Ladakh, Nordindien, mit der Inschrift »Om mani padme hum«

Rezitieren des »Om«-Mantras

Setzen Sie sich an einen ruhigen Ort. Rezitieren Sie »*Om mani padme hum*« und betonen Sie dabei langsam jede Silbe. Wiederholen Sie das *Mantra* anfangs 20-mal. Steigern Sie sich später auf bis zu 50 Wiederholungen oder mehr. Ein tibetischer Rosenkranz kann beim Zählen helfen. Denken Sie dabei an die reinigende Kraft jeder einzelnen Silbe, wie in dieser tibetischen Lehre gezeigt:

Om *fördert die Freigebigkeit.*
Ma *stärkt die Moral.*
Ni *verbessert die Toleranz.*
Pad *spendet Energie.*
Me *erhöht die Konzentration.*
Hum *bewirkt Weisheit.*

WEGE ZUM HEIL

Gesänge

Ein tibetisches Notenblatt eines rituellen Gesangs. Die Zeichen symbolisieren die ansteigende und abfallende Melodie.

Kein Teil der Lehre Buddhas wurde zu seinen Lebzeiten niedergeschrieben; er selbst konnte nicht lesen und schreiben und sprach vermutlich Magadhi, eine ausgelöschte Sprache. Nach seinem Tod kamen seine Anhänger zusammen, und Ananda, sein Begleiter, sagte die Lehre des Meisters (die *Sutras*) aus dem Gedächtnis in Form von Gesängen auf. Seit jener Zeit stellt das Singen der Sutras einen wesentlichen Teil der buddhistischen Meditation dar. Die Theravadiner (S. 12) aus Südostasien singen normalerweise im Einklang, bei Gemeindefeiern begleitet von Flöten und Trommeln. Japanische und tibetische Mönche singen tief aus dem Bauch heraus, ihre Stimmen werden oft von Glocken und Trommeln untermalt.

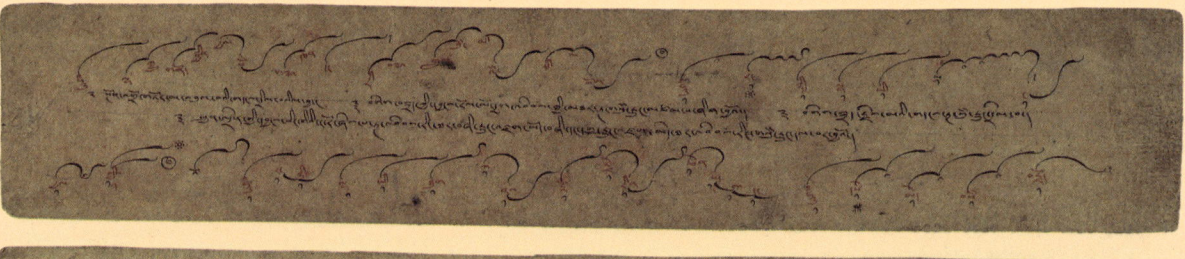

Harmonie finden

Jeder kann fast alle buddhistischen Texte singen. Kurze Gesänge sollten dreimal, längere nur einmal wiederholt werden. Singen hat denselben Vorteil wie die kontrollierte Atmung (S. 92): Es sorgt für Harmonie zwischen Geist, Körper und Atmung, und ablenkende Gedanken verschwinden. Die Gesänge bringen uns auch dem buddhistischen Dharma näher. Obwohl nicht die ursprüngliche Sprache verwendet werden muss, haben die frühen Worte eine Kraft und Resonanz, die über die wörtliche Bedeutung hinausgeht.

Wiederholen Sie einen der folgenden Gesänge dreimal. Der erste ist Ausdruck Ihrer Ergebenheit an den Buddha. Der zweite erinnert Sie an die Auswirkung Ihrer Handlungen. Singen Sie auf Pali oder auf Deutsch.

Namo tassa Bhagavato Arathato Samma-Sambuddhassa

Ehre dem Gesegneten, dem Erhabenen, dem vollkommen Erleuchteten!

Kammassakomhi

Kammadayado

Kammayoni

Kammabandhu

Kalyanam va papakam va

Tassa dayado bhavissami

Evam amhehi abhinam paccavekkhitabbam

Ich lebe mein Karma, ich erbe mein Karma. Ich bin geboren aus meinem Karma, verwandt mit meinem Karma.

Welches Karma ich auch erschaffe, gutes oder schlechtes, dieses werde ich erben.

Daran sollte ich mich erinnern.

WEGE ZUM HEIL

Atmung

Die Atmung ist Ausdruck unseres physischen und mentalen Zustands. Wenn wir aufgeregt sind, atmen wir kurz und schnell; wenn wir entspannt sind, geht die Atmung langsamer. Bei der Meditation können wir einen Zustand der Ruhe erlangen, indem wir die Atmung und die damit verbundenen körperlichen Bewegungen beobachten. Dadurch können wir physisch und mental zur Ruhe kommen. Das wiederum schafft in unserem Geist Raum für das Wachsen von Erkenntnis.

Einsichtsmeditation

Die folgende Übung bezieht sich auf die erste wichtige Stufe in der Vipassana- oder Einsichtsmeditation (S. 76) und fördert die besondere Konzentration auf die Atmung. Sie ermöglicht noch mehr Ruhe und steigert das Bewusstsein.

1 Setzen Sie sich aufrecht hin. Der Nacken bildet die Verlängerung des Rückens. Machen Sie lange Atemzüge und nehmen Sie diese bewusst wahr. Sagen Sie: »Ich atme langsam ein.«

2 Machen Sie kürzere Atemzüge. Beobachten Sie, wie sich diese anfühlen. Sagen Sie: »Ich atme schnell ein.«

3 Atmen Sie nun in einem ruhigen, ungehetzten Rhythmus. Sagen Sie sich: »Ich atme normal.« Beobachten Sie, wie sich diese Atmung anfühlt.

4 Atmen Sie weiterhin normal und entspannt. Beobachten Sie den Atem vom Eintritt in die Nase auf dem Weg durch die Brust bis zum Heben und Senken des Bauchs.

5 Konzentrieren Sie sich auf den Moment der Stille zwischen zwei Atemzügen. Beobachten Sie dann die Bewegung des Ausatmens. Nehmen Sie eventuell auftauchende Gedanken zur Kenntnis und lassen Sie diese los. Machen Sie diese Übung etwa fünf Minuten oder solange sie sich gut anfühlt. Steigern Sie die Dauer sukzessive.

WEGE ZUM HEIL

Der Weg des Tao

Das chinesische Wort *Tao* wurde als »die Lehre« oder »der Weg« gedeutet, was dem buddhistischen »Pfad« entspricht. Manchmal wird es als »Leere« oder »das Absolute« beschrieben. Doch das Tao Te King, das von Laotse im 4. Jh. v. Chr. verfasst worden sein soll, beschreibt Tao fast negativ: »Das Tao, das man erzählen kann, ist nicht der konstante Weg.« Er ist namenlos, undefinierbar.

Erleben des Tao
Obwohl sich das Tao jeglicher Beschreibung und dem herkömmlichen Denken entzieht, kann es doch erlebt werden. Das ist möglich, wenn wir aufhören, es zu versuchen. Tao ist überall, es ist der Ursprung für die »zehntausend Dinge« der Welt (alle Phänomene). Ein einfaches Leben in der Natur, frei von Ehrgeiz, entspricht einem freien Leben in einem zeitlosen Strom des Tao.

Da Tao durch Gedanken und Handlungen verschleiert wird, meinte man, dass »weise Männer auf Lernen und Status verzichten sollten.« Wenn sie nach nichts suchen und nichts hervorbringen, »werden sie eins mit der Welt.« Der Tao-Meister Chuang Tsu schlug vor:

> »Der Mann intuitiver Weisheit lebt ruhig und übt seinen Geist nicht. Er handelt ohne Sorge … Er geht alleine, ist aber auf die Einsamkeit nicht stolz. Rang und Reichtum interessieren ihn nicht. Der Mann des Tao bleibt unbekannt. Der größte Mann ist Niemand.«

Gelebtes Tao

Im vorbuddhistischen China wurde dieses Ideal von vielen Menschen gelebt. Einige legten die Arbeit nieder, blieben aber weiterhin inmitten belebter Dörfer. Sie provozierten ihre Umwelt durch ihr unkonventionelles Verhalten. Andere, wie die frühen Ch'an-(Zen)Buddhisten, die stark vom Taoismus beeinflusst waren, lebten als einsame Wanderer und Eremiten.

Der große Dichter der T'ang-Dynastie, Han Shan, war ein mittelloser Einsiedler, dessen Beschreibungen spiritueller Untätigkeit auf dem kalten Berg – einer Metapher für das Absolute – dem Taoismus und dem Zen entsprachen:

Kalte Klippen, schöner, je weiter man vordringt –

doch niemand folgt diesem Pfad.

Weiße Wolken rund um die aufragenden Felsen;

auf dem grünen Gipfel schreit ein einsamer Affe.

Welche anderen Begleiter brauche ich?

Ich werde alt und tue, was mir gefällt.

Obwohl Gesicht und Körper sich im Laufe der Jahre ändern,

bleibe ich der Perle des Geistes treu.

Han Shan, ca. 7. Jh. n. Chr.

Frühe Zen-Meister

Das japanische Zen (*Ch'an* in China) trat erstmals in Südchina mit dem indischen Mönch Bodhidharma auf. Er kam im 6. Jh. n. Chr. und lehrte die Mahayana-Doktrin (S. 12), die verkündete, dass die Erleuchtung im Geiste liegt und dass wir, sobald wir dies erkennen, alle gleichermaßen Buddhas sind.

Spontane Erleuchtung
Die Vorstellung, dass wir mit einem »Schoß« voll spiritueller Erkenntnis geboren werden, stammt aus dem *Lankavatara-Sutra*. Doch Zen-Lehrer, beginnend mit Bodhidharma, betrachteten das Studium von Texten als Hindernis und lehnten es ab. Sie waren der Ansicht, dass Erleuchtung sehr plötzlich, bei der Meditation oder durch unermüdliches Beharren eines Lehrers erlangt werden kann, der uns zu tieferer Erkenntnis drängt.

Gemäß dem Gedankengut des Zen kann Erleuchtung auch während einer alltäglichen Tätigkeit, wie z. B. Kochen, kommen. Hui Neng war der vielleicht meistgefeierte Meister der Schule der plötzlichen Erleuchtung. Er wurde im 7. Jahrhundert in China geboren und war Bauernjunge, als er als Holzsammler und Diener in ein Kloster eintrat. Als er eines Tages in der Küche Reis stampfte, erfasste der ungeschulte Hui Neng spontan das Wesen der Ch'an-Leere, die so genannte Lehre des »Nicht-Selbst«. Hui Neng wurde der sechste Patriarch des Ch'an-Buddhismus und erweiterte die Philosophie des ersten Patriarchen, Bodhidharma.

Kryptische Sprüche

Zen-Meister sind berühmt für mysteriöse und poetische Aussprüche, die spirituelle Offenbarungen hervorrufen sollen. Der weise Te Cheng saß eines Tages untätig in einem Boot, als ein hoher Staatsdiener vorbeikam. »Was macht dieser faule Priester?«, fragte der Mann. »Verstehen Sie das?«, antwortete der Meister und erhob sein Paddel. »Ich habe das klare Wasser gerührt, doch nur selten findet sich ein goldener Fisch.«

Den Buddha-Geist finden

»Ich bin aus einem einzigen Grund nach China gekommen – um die Lehre des Mahayana zu verkünden: Dieser Geist ist der Buddha. Ich spreche nicht von Ergebenheit oder Askese. Sobald du dein eigenes Wesen erkennst, ist dein Geist jenem aller Buddhas gleich.«

Bodhidharma, 6. Jh. n. Chr.

Rinzai-Zen-Meister

»Die Suche nach der Erleuchtung bedeutet die Verschleierung der Erleuchtung«, sagte der Zen-Meister Huang-Po (9. Jh.), dessen Lehre die Rinzai-Schule begründete. »Durch die Suche nach dem Wesen des Buddha verlieren sie [die Nichterleuchteten]. Denn sie benutzen Buddha, um Buddha zu suchen, verwenden den Geist, um den Geist zu erfassen!« Es ist sinnlos, sich zu bemühen. »Buddhismus ist gewöhnlich – Essen, wenn man Hunger hat. Schlafen, wenn man müde ist!« Im Rinzai-Zen muss man nur erwachen, um dies zu erkennen, da jeder den Geist des Buddha besitzt. Doch der japanische Mönch Hakuin (1685–1769) warnte vor Faulheit. »Oft hört man kahle Narren [Mönche] … sagen: ›Unser Geist ist Buddha! Wir müssen nichts tun …‹ Das sind schwachsinnige Ketzer!«

Zen-Malerei des japanischen Mönchs Hakuin aus dem 18. Jh.

Unvernunft und Widerspruch

Um zu verhindern, dass die Schüler zu viel nachdachten, anstatt ihrer Intuition zu folgen, verwendeten die frühen Lehrer scheinbar unvernünftige Methoden. Huang-Po beantwortete Fragen seines Studenten Lin-Chi mit Schlägen. Als Lin-Chi schließlich verstand, dass es sich dabei um »großmütterliche Güte« handelte, erwachte er und erwiderte die Schläge. Manchmal sprachen die Meister in Rätseln. Die Mahayana-Doktrin lehrt, dass alle Lebewesen über das Wesen des Buddha verfügen. Auf die Frage, ob das auch für Hunde gelte, schrie der Rinzai-Lehrer Joshu: »Nein!« Um zu verhindern, dass seine Studenten sich an seine Lehre klammerten, beantwortete er dieselbe Frage später mit einem »Ja!«

Mit leeren Händen und eine Hacke haltend.

Zu Fuß, doch auf einem Büffel reitend.

Nachdem der Mann die Brücke überquert hat,

fließt die Brücke und das Wasser steht still.

Hakuin (1685–1769)

Wie der leere Himmel: grenzenlos.

Doch es ist genau da, tief und klar.

Wenn man danach sucht, findet man es nicht.

Man kann es nicht fassen.

Aber auch nicht verlieren.

Es entgleitet einem, doch man kann es fangen.

Wenn man schweigt, spricht es.

Wenn man spricht, schweigt es.

Das große Tor ist weit geöffnet.

Und keine Menge versperrt den Weg.

Aus dem Cheng-tao-ke von Yung Chia (665–713)

Zen-*Koans*

Koans sind Meditationsrätsel, basierend auf den Worten der alten chinesischen und japanischen Rinzai-Meister. Sie werden als geistige Übungen eingesetzt, um wie durch einen Geistesblitz Erleuchtung zu erlangen. *Koans* sprechen existenzielle Probleme des Menschen an und stellen einen wesentlichen Teil der Zen-Unterweisung dar.

In einem *Koan* aus der Sammlung »Die Torlose Schranke« bittet ein Mönch den Meister Joshu um Hilfe. »Hast du deinen Haferschleim gegessen?«, fragt der Meister. »Ja«, antwortet der Mönch. »Dann wasche deine Schale!«, gibt der Lehrer zurück. Sowohl Ermunterung als auch ein Beharren auf verstärkten Bemühungen gehen aus diesem Gespräch hervor. Ebenso rätselhaft sind andere Formen von *Koans* wie etwa: »Wie klingt das Klatschen einer Hand?«

STUDIEREN EINES *KOAN*

Suchen Sie sich einen *Koan* von dieser Seite aus. Wiederholen Sie diesen mehrmals. Setzen Sie sich hin und lassen Sie den *Koan* durch Ihren Geist ziehen.

Setzen Sie Ihre normalen Aktivitäten fort, meditieren Sie aber weiterhin über dem *Koan*. Beobachten Sie, wie dieser eine spezielle Bedeutung bekommt und wie nahe Sie dem Unfassbaren kommen.

Jenseits jeglicher Verwirrung

Koan-Meditation zielt darauf ab, zunächst Unsicherheit hervorzurufen und diese dann zu bezwingen. Hakuin zitierte diesen alten chinesischen Vers:

> *Auf dem grünen Berg entstehen Wellen.*
>
> *Am Grunde des Brunnens tritt roter Staub zu Tage.*

»Studiere den Vers, nicht die Bedeutung!«, warnte Hakuin. »Dann werden wahre, große Zweifel entstehen. Wenn man sich vorwärts kämpft, ohne Boden zu verlieren, ist das wie das Durchbrechen einer Eisschicht, das Fallen eines Jade-Turms!«

Der Soto-Zen-Meister Dogen

Soto-Zen ist der Weg des »einfach nur Sitzens«. Ein Soto-Zen-Meditierer lehnt Rituale ab und »sitzt um des Sitzens willen, und geht um des Gehens willen«. Der Meister Dogen aus dem 13. Jahrhundert meinte, dass das einfache Sitzen in Meditation *Satori* (stille Erleuchtung) sei.

Einflussreiche Lehren

Als Dogen nach einem vierjährigen Studium in China nach Japan zurückkehrte, zog er sich zum Praktizieren des Zen in Klöster zurück. Seine Lehren wurden zu philosophischen und literarischen Klassikern. Manche beschreiben exakt, wie man bei der Meditation sitzen soll – diese Texte sind oft sehr streng. So wie Buddha seine Schüler mahnte, »sich fleißig zu bemühen«, schrieb Dogen:

> *»Zazen [Zen-Meditation] hat nichts mit Intellekt oder Willen zu tun. Versuche nicht, ein Buddha zu werden! Verschwende nicht deine Zeit! Betreibe Zazen so eifrig, wie du ein Feuer auf deinem Kopf löschen würdest!«*

Im Gegensatz dazu sind viele seiner anderen Schriften höchst poetisch:

> *»Erleuchtung ist wie die Spiegelung des Mondes im Wasser. Der Mond wird nicht nass, das Wasser nicht zerbrochen. Obwohl das Licht breit ist, spiegelt sich der Mond auch in einer kleinen Pfütze. Der ganze Mond und der ganze Himmel spiegeln sich in Tautropfen im Gras oder sogar in einem Wassertropfen.«*

Buddhismus und Sozialverhalten

Ein 1963 veröffentlichtes Foto von einem buddhistischen Mönch, der sich aus Protest gegen das politische Regime in seinem Heimatland Vietnam verbrannte, ist ein schreckliches Bild der modernen Zeit. Dieser Mönch forderte eine höhere politische Moral, und aus diesem Grund verließen viele vietnamesische Studenten ihre Heimatstadt, um Bauern bei dringenden Entwicklungsprojekten zu unterstützen. Auch das moderne Kambodscha, Burma (Myanmar), Sri Lanka und Tibet wurden von Tragödien heimgesucht. Doch Buddhisten aus diesen Ländern sind mit wichtigen Botschaften der Hoffnung hervorgetreten.

Stimmen des Friedens
Eine Schlüsselfigur ist Thich Nhat Hanh aus der vietnamesischen Friedensbewegung. Er lehrt die Bedeutung der Meditation als Teil des Buddhismus: »Meditation bedeutet, tiefe Einsichten in die Dinge zu erlangen, zu erkennen, wie wir die Situation verändern können.« Mit »Situation« meinte er den Krieg, der aus einer »falschen Wahrnehmung« resultiert.

Im benachbarten Kambodscha arbeitet der ehrwürdige Mahaghosananda unermüdlich für Kriegsopfer. Als Vorsteher seiner Sangha bemüht er sich in einer seit den 1960er-Jahren von Krieg zerrütteten Gesellschaft um Versöhnung.

Angesichts militärischer Repression tat sich auch Aung San Suu Kyi, Anführerin der Nationalen Liga für Demokratie in Burma und Friedensnobelpreisträgerin, als couragierte Menschenrechtskämpferin hervor. Obwohl sie jahrelang unter

WEGE ZUM HEIL

Hausarrest stand, wirbt Suu Kyi für »die schützende Kühle des Friedens« und für die »Wahrheit, Rechtschaffenheit und liebevolle Güte« der buddhistischen Lehre.

Der Dalai Lama

Der vielleicht berühmteste Kämpfer für den Weltfrieden ist der 14. Dalai Lama. Als Flüchtling aus Tibet führt er sowohl seine eigenen Sangha im Exil als auch eine wachsende Gruppe nicht tibetischer Anhänger. Zahlreiche Buddhisten in aller Welt ließen sich von ihm und anderen Lehrern zu sozial nützlicher Arbeit motivieren. Lehren in Gefängnissen, Eintreten für Menschenrechte, Minderheiten und die Umwelt sind zu wichtigen Aspekten des modernen buddhistischen Pfads geworden.

Seine Heiligkeit der Dalai Lama ist ein bewundernswertes Beispiel für buddhistisches Mitgefühl. Er wurde als Inkarnation des Bodhisattva Avalokiteshvara bezeichnet.

KAPITEL VIER

HEILIGER SYMBOLISMUS

Der Buddhismus hat eine wunderbare künstlerische Tradition. Während frühe indische Bildhauer Symbole für die Darstellung des Buddha verwendeten, schufen spätere Künstler Meisterwerke aus der Fantasie. Zen-Maler und Dichter brachten Visionen ihrer Welt mit der Klarheit und der Leidenschaft buddhistischer Einsicht hervor. Auch buddhistische Tempel und Gärten strahlen eine innere Tiefe aus.

HEILIGER SYMBOLISMUS

Das Gesicht des Buddha

Der Legende zufolge wurden zu Lebzeiten des Buddha zwei Porträts von ihm gefertigt, alle späteren Skulpturen sind Kopien davon. Doch die frühesten Darstellungen des Buddha waren wahrscheinlich symbolisch: eine Lotusblüte für seine Reinheit und ein Fußabdruck oder ein Rad für den Weg des Dharma.

Zeichen von Größe

Buddhakopf aus Bihar, Indien, 7.–8. Jh.

Der Bodhisattva soll mit den 32 Zeichen des Übermenschen geboren worden sein. Dazu zählten: die langen Ohrläppchen des indischen Adels, dichtes gelocktes Haar in günstiger Sonnenrichtung, ein spitz zulaufender Kopf, der Weisheit verstrahlt, sowie zarte goldene Haut, dargestellt durch glatt polierten Stein.

Buddha-Skulpturen der Gupta-Periode im Indien des 5. Jahrhunderts zeigen ebenfalls eine idealisierte Schönheit. Das Gesicht ist vornehm und jugendlich; die halb geschlossenen Augen haben die Form einer Lotusblüte; die vollen Lippen lächeln vertrauenserweckend. Tibetische und fernöstliche Skulpturen nahmen lokale ethnische Elemente in die indischen Prototypen auf.

Die Mönche in Tibet und in den Königreichen entlang der Seidenstraße malten auf Gips und anderen glatten Materialien. Diese Künstler wurden von der klassischen buddhistischen Tradition und der Hinduüberlieferung inspiriert. Gelassene Buddha-Gesichter sind ebenso vertreten wie furchterregende Darstellungen des Buddha-Geistes; mit hervorstechenden Augen und umgeben von himmlischen Landschaften.

Die Hände des Buddha

Heilige Gesten (*Mudras*) gab es schon lange vor dem Buddhismus. Die Hände und Arme der Hindu-Gottheiten drücken Macht, Schutz und Kreativität aus; viele ihrer *Mudras* werden auch heute noch beim Yoga und in indischen Tänzen eingesetzt.

Bei praktisch allen stehenden und sitzenden Darstellungen des Buddha – wenn er liegt, deutet dies auf seinen Tod – ist die Position seiner Hände wichtig.

Ausdruck von Ereignissen und Handlungen
Die Gesten des Buddha beziehen sich auf Geschehnisse in seinem Leben oder symbolische Aktionen. Das *Mudra* des »Dharma-Rad-Drehens«, in dem die Hände mit den sich berührenden Daumen und Zeigefingern einen Kreis bilden, symbolisiert die Predigt der ersten Rede. Ein sitzender Buddha, bei dem die Finger der rechten Hand ausgestreckt sind, um den Boden zu berühren, ruft die Erde zur Bezeugung seiner Erleuchtung an.

Ausdruck von Geisteszuständen
Andere wichtige *Mudras* zeigen den inneren Zustand des Buddha und seine Beziehung zu anderen. Wenn seine rechte Hand flach über der linken liegt, steht das für Meditation. Wenn die Handfläche der rechten Hand nach vorne und die Finger nach oben zeigen, verdeutlicht das Beschwichtigung. Wenn seine rechte Handfläche nach vorne zeigt, die Finger aber nach unten weisen, repräsentiert das Geben – manchmal hält der Buddha dabei die heilsame Arura-Frucht.

HEILIGER SYMBOLISMUS

Der *Bodhi*-Baum

Drei einschneidende Erlebnisse im Leben des Buddha werden mit Bäumen in Verbindung gebracht. Der Legende zufolge hielt sich seine Mutter Mahamaya an einem Salabaum fest, als sie das großartige Wesen gebar. Der Buddha legte sich später kurz vor seinem Tod in einem Hain aus Salabäumen nieder. Am berühmtesten ist das Erlebnis am Fuße eines großen Feigenbaums, wo der Bodhisattva die Vier Edlen Wahrheiten erkannte, den Zyklus der Wiedergeburt durchbrach und als Lebender ins *Nirwana* einging.

Symbol des Dharma

Schreine für die Baumgeister und Gottheiten, die mit Bäumen verbunden wurden, waren in der indischen Kultur weit verbreitet, und die Weisen, die die Hindu-*Upanishaden* lehrten, gaben ihr Wissen im Schutze der Bäume weiter. Buddhisten kennen den Feigenbaum mit seinen breiten, besonders geformten Blättern als *Bodhi*-Baum (wörtlich: »Erleuchtungsbaum«), der als höchstes Symbol des Dharma verwendet wird. Bilder des Buddha am Fuße des *Bodhi*-Baums ziehen sich durch die gesamte buddhistische Kunst und stehen für seine Weisheit und sein Mitgefühl. Der *Bodhi*-Baum wurde zum Symbol für die Erleuchtung. Der Ort des *Bodhi*-Baums in Bodh Gaya in der indischen Provinz Bihar zieht seit dem 2. Jh. v. Chr. Pilger an. Ein Steinsitz bezeichnet den wahrscheinlichen Standort des Baums, während ein möglicher Spross des ursprünglichen Baums unweit hinter dem prachtvollen Mahabodhi-Tempel aus dem 6. Jahrhundert wächst.

Der antike Mahabodhi-Tempel in Bodh Gaya wurde im Auftrag von Mahanama, einem Mönch aus Sri Lanka mit Verbindung zum Königshaus, errichtet.

HEILIGER SYMBOLISMUS

Die Lotusblüte

 Mit ihren leuchtenden Farben und üppigen Blütenblättern zierte die Lotusblüte die klassische Sanskrit-Poesie als Symbol von Fruchtbarkeit und Erotik. Doch in der buddhistischen Kunst hat diese schöne Süßwasserpflanze eine andere Bedeutung: spirituelle Reinheit.

Unter den Sanskrit-Namen für die Lotusblüte gibt es einen besonders bezeichnenden: *Punka-ja*, was »aus dem Schlamm geboren« heißt. Die Wurzeln im fauligen, aber nährstoffreichen Schlamm am Boden eines Teichs, erhebt sich der Stamm der Lotusblüte durch die Dunkelheit und schwimmt auf der Wasseroberfläche. Dort öffnet die Blüte im Sonnenlicht ihre unbefleckten Blütenblätter.

Daher wurde die Lotusblüte zum Symbol moralischer Errungenschaften und der Reise vom Unwissen zum spirituellen Wissen: Die makellose Schönheit der Blume und ihr Weg durch die Dunkelheit haben für die Anhänger symbolische Bedeutung. In der Mahayana-Tradition hat die Blüte noch eine weitere Stellung: Die komplexe »tausendblättrige Lotusblüte« steht für den Geist des Buddha (S. 154); sie ist die ultimative Blume der Erkenntnis.

 *Die Besten sind makellos, wie Lotusblüten in einem Teich.*
Schlammiges Wasser läuft an ihnen ab.
Sie sind niemals befleckt.

Das *Lalitavistara* (poetische Buddha-Biografie), ca. 3. Jh. n. Chr.

HEILIGER SYMBOLISMUS

Zen-Malerei und Kalligraphie

Selbst als Ausdruck des Dharma wurde Malerei von manchen Zen-Meistern als Ablenkung von der Meditation gesehen. Dennoch sind die Werke der chinesischen und japanischen Zen-Meister vielleicht die besten Bilder vom Zustand der Erleuchtung. Allein das Schreiben heiliger Texte in sorgfältig ausgeformten Zeichen galt als verdienstvoller Akt. Viele Zen-Mönche beschäftigten sich intensiver mit der Kunst, indem sie bewusst grobe Inschriften auf dem Papier vornahmen, um das »wahre Wesen des Selbst« in spontanen, manchmal »nicht kalligraphischen« Strichen festzuhalten.

Ein Teil dieser Energie ist auch in Porträts von Zen-Meistern zu spüren. Bodhidharma wird in zahlreichen Porträts durch grobe Linien dargestellt, wie ein klobiger Felsblock mit grotesk vorstehenden Augen. Hui Neng, der 6. Patriarch, wird oft mit schnellen Strichen beim Zerreißen heiliger Texte gezeichnet – als Ausdruck der »verrückten Weisheit«, damals ein häufiges Merkmal des Zen. Viele Arbeiten des japanischen Malers Sengai, wie »Der meditierende Frosch« und »Zum Mond zeigen«, folgen ebenfalls dieser ironischen Tradition.

Ganz anders sind die Blumen- und Landschaftszeichnungen späterer Zen-Maler. Pflaumenblüten, Orchideen und Bambus galten als »die drei Reinen« – Symbole, die sowohl das So-Sein als auch die Unbeständigkeit der geschaffenen Welt verdeutlichten. Der vielleicht bekannteste Zen-Maler war Mu-Ch'i im 13. Jahrhundert, dessen Werke »Dattelpflaume« und »Rosskastanie« das Auge an einen stillen Moment der Meditation führen.

Berglandschaft, Rollbild, das dem Mönch Kei Shokei zugeschrieben wird, Japan, 16. Jh.

HEILIGER SYMBOLISMUS

Die Bilder des Ochsen

Diese zehnteilige Bilderreihe, begleitet von erklärenden Texten oder Versen, stammt aus der chinesischen Sung-Dynastie (960–1279 n. Chr.). Sie veranschaulicht eine Zen-Parabel, die den Weg zur Erleuchtung beschreibt.

Die Suche

Die Geschichte handelt von einem Mann, der seinen verirrten Ochsen sucht – ein Symbol für das ewige Prinzip des Lebens. Doch das erste Bild stellt uns vor ein Zen-Paradoxon: Hat der Hirte seinen Ochsen wirklich verloren? Der Hirte entdeckt Hufabdrücke, was nahe legt, dass der Mann den Weg der Entdeckung beschritten hat. Die nächsten beiden Phasen zeigen sowohl Fortschritte als auch ein Problem. Der Hirte sichtet den Ochsen – und versteht vielleicht, dass er und der Ochse niemals getrennt waren –, aber dennoch muss er ihn zähmen.

Erlangen von Erleuchtung

Die fünfte Phase zeigt das Ergebnis der beharrlichen Bemühungen des Hirten: Der Ochse – der Geist – ist gezähmt und folgt dem Hirten. In der sechsten Phase ist der Kampf vorbei und der Hirte reitet auf dem Ochsen singend nach Hause. Hirte und Ochse bewegen sich mühelos in dieselbe Richtung, dennoch sind sie immer noch zwei Einheiten, denn die Illusion von Subjekt und Objekt besteht weiterhin. Im siebenten Bild verschwindet der Ochse, und der Hirte sitzt still in spontaner Erleuchtung. Im achten Bild sieht man einen leeren Kreis: Der Geist hat

HEILIGER SYMBOLISMUS

sich von allen Sehnsüchten und Ängsten befreit. Im neunten Bild kehren wir zu einer Naturszene zurück: Die Meditation des Hirten wird tiefer und er beobachtet passiv, wie Leben entsteht und vergeht. Zuletzt kehrt der Hirte, sicher in seiner Erleuchtung, in die Gesellschaft zurück. Er geht auf den Marktplatz, um allen Menschen Buddhaheit zu bringen.

HEILIGER SYMBOLISMUS

Dichtkunst

Buddhistische Themen wurden häufig durch Poesie zum Ausdruck gebracht. Die Sanskrit-Dichtkunst, etwa das *Buddhacarita* von Asvaghosa aus dem 2. Jahrhundert, schildert das Leben des Buddha in wundersamen, bunten Bildern und in ausdrucksvoller Sprache. Im Gegensatz dazu sind Pali-Verse nüchterner und stärker in der Lehre verwurzelt. Der erste Vers (gegenüber) ist ein berühmtes Werk des indischen Schriftstellers Buddhaghosa aus dem 5. Jahrhundert.

Ekstatische Dichtkunst
Zu einem anderen Genre zählen die ekstatischen Gedichte Milarepas (1052–1135). Er beschäftigte sich zunächst mit schwarzer Magie, wurde dann in das Dharma eingeweiht und verbrachte den Rest seiner 83 Lebensjahre in abgelegenen Höhlen. Er verfasste erlesene Beschreibungen von Landschaften und Visionen.

Zen-Dichtkunst
Zen-Dichtkunst ist eine besinnliche Kunst, die das »So-Sein« vorübergehender Erscheinungen heraufbeschwört. Der größte Zen-Dichter war Basho (1644–94), der das 17-silbige Haiku in Umgangssprache perfektionierte und eine Welt zum Ausdruck bringt, die sich ändert und gleichzeitig stillsteht. Bashos bekannteste Zeilen, wie das erste Haiku gegenüber, drücken eine Satori-Erfahrung aus (S. 103); einige spätere Gedichte beschreiben eine melancholische Vision. Bashos Nachfolger, wie etwa Buson (1715–83), sahen eher Freude in der Welt.

HEILIGER SYMBOLISMUS

Leiden existiert, nicht der Leidende.

Handlung existiert, doch nicht der Handelnde.

Nirwana ist frei, aber niemand wird freigesetzt.

Es gibt einen Weg, doch keiner geht ihn.

Buddhaguosa

Im Tal der roten Felsjuwelen werden Vögel flügge,
Affen springen, schwingen, und Tiere laufen.
Ich übe den Weg und meditiere.

Milarepa

Der alte Weiher:
Ein kleiner Frosch springt hinein –
klingendes Wasser.

Basho

Mond zur Erntezeit –
Ich streife um den Weiher,
bis der Morgen kommt.

Basho

Zarte grüne Blätter,
schäumendes Wasser.
Gerste wird gelb.

Buson

HEILIGER SYMBOLISMUS

Die Teezeremonie

Die Zubereitung eines bitteren, grünen Aufgussgetränks, die Gabe an dankbare Gäste, das meditative Nippen – diese Handlungen sind, neben einer Vielzahl anderer formeller Gesten, Teil der berühmten Zen-Praxis des *Chanoyu*, der Teezeremonie, die im 13. Jahrhundert Eingang in die japanische Kultur fand und durch den Zen-Mönch Rikyu drei Jahrhunderte später ihre endgültige Form erhielt.

Die Teehütte
»Form ist Leere, und Leere ist Form«, erklärt das *Herz-Sutra*. *Chanoyu* ist Ritual und gleichzeitig Sinnbild der Zen-Leere. Idealerweise findet es in einer einfachen Holz- oder Bambushütte statt, um Förmlichkeit als auch Wildheit der Elemente zum Ausdruck zu bringen. Ein Baum, tropfendes Wasser, Bambusdickicht und Felsen umgeben die Hütte. Innen gibt es Strohmatten, um eine schlichte »Armut« (*Wabi*) darzustellen, eine Feuerstelle, eine Vase mit einer einzelnen Blume sowie eine Nische, wo der Gastgeber eine Schriftrolle mit Kalligraphien aufhängt.

Stiller Genuss
Wenn der Kessel pfeift, der Gastgeber Wasser eingießt und den Tee mit ruhiger Hand einrührt, bewundern die Gäste die Utensilien für die Zeremonie. Wie die Hütte und die Umgebung sind auch die Tassen, der Kessel und die Schöpfkelle kunstvoll »einfach«. Gastgeber und Gäste genießen in besinnlicher Einheit den Tee, während der Wind durch die Bäume streicht und Wasser über Steine tröpfelt.

HEILIGER SYMBOLISMUS

Tantra

Tantra stammt aus dem Bengal des 3. Jahrhunderts und wird auch als *Vajrayana* (»Diamanten-Fahrzeug«) bezeichnet. Es entwickelte sich aus der Annäherung zwischen dem Mahayana-Buddhismus und nicht-buddhistischem Yoga. Im Gegensatz zum klösterlichen Buddhismus, der Erleuchtung oft nur nach zahlreichen Wiedergeburten in Samsara in Aussicht stellte, versprach der tantrische Buddhismus eine Befreiung innerhalb einer Lebenszeit.

Rituelle Praktiken

In seiner frühesten Form war Tantra durch außergewöhnliche Rituale gekennzeichnet, in denen esoterisches Wissen an Einzelne und kleine Gruppen durch spirituelle Einführungen (*Siddhas*) weitergegeben wurde. Im Lauf dieser Riten wurden das Aufsagen von *Mantras* und manchmal ritualisierter Geschlechtsverkehr eingesetzt, um Körper, Sprache und Geist zu schulen, spirituelle Kräfte freizusetzen und dadurch Illusionen zu überwinden. Der Ablauf dieser Rituale wurde in schwer verständlichen Texten, den *Tantras*, beschrieben.

Tantrische Symbole

Ein Symbol ist der *Vajra*, der »Blitz-Diamant« – »Diamant« wegen seiner Beständigkeit, und »Blitz«, weil die Psyche mit einem Schlag erleuchtet wird. Der *Vajra* war eine Eigenschaft des erhabenen *Buddha*; doch in Übereinstimmung mit dem Mahayana-Gedanken war seine Kraft bereits im menschlichen Geist vorhanden.

Das Blitz-Szepter des Vajra ist normalerweise mit einer Glocke gepaart, um Mitgefühl darzustellen.

Tantra verwendet unzählige Bilder, um Spiritualismus auszudrücken. In der »überweltlichen Sphäre« gibt es sechs himmlische Buddhas und eine Galaxie an Gottheiten und Dämonen, die Aspekte der menschlichen Psyche darstellen. Tantrische Meister visualisieren die Manipulation dieser Lebewesen vielleicht als Mittel, um ihren eigenen spirituellen Zustand zu verändern. Als Tantra im 11. Jh. n. Chr. nach Tibet und Nepal gelangte, verschmolz es mit dem Schamanismus des Himalaya und brachte neue Varianten hervor.

Wenn du Anleitung suchst in dieser Praxis,

Suche nicht nach dem Wissen des Schülers.

Wenn viel Wissen erlangt wird, ist das der Weg der Laien.

Wo dieser Weg vorherrscht, wurde ein Menschenleben verschwendet.

Meister, Schüler, Anleitung: diese drei.

Bemühung, Mut, Glaube: diese drei.

Weisheit, Mitgefühl, das Absolute: diese drei.

Sie alle wissen um den Weg.

Milarepa (1052–1135 n. Chr.)

HEILIGER SYMBOLISMUS

Die Einheit der Gegensätze

Einheit und Dualität, männlich und weiblich, Gott und die Seele: Das sind nur drei große Gegensätze, die Hinduismus und Buddhismus über Jahrhunderte in der Kunst und in heiligen Schriften ergründet haben. Der Hindu-*Yogi* wiederholt das *Mantra* »Ich bin das« und arbeitet dabei daran, eins zu werden mit Brahman, der Gottheit. Selbst Hindu-Götter wie Shiva und Vishnu vereinen sich mit ihrem weiblichen Gegenstück, um ihre männliche Dominanz zu durchbrechen. Die harmonische Ganzheit wird so stark idealisiert, dass selbst der allmächtige Shiva oft als Mann und Frau in einem dargestellt wird.

Ergänzendes Gegenstück

Zwei Gottheiten in einer sexuellen Umarmung, Yab-Yum-Bild in tibetanischem Stil. Der Mann steht für Mitgefühl, die Frau verkörpert Weisheit.

Der Symbolismus dieser Dualitäten wurde auf den Mahayana-Buddhismus übertragen. Avalokiteshvara, der männliche *Bodhisattva* des Mitgefühls, wird oft als Frau dargestellt. Tantrischer Buddhismus stellt männliche und weibliche Gottheiten häufig beim Geschlechtsverkehr dar. Die männlichen »Weisheitsgottheiten« des tantrischen Pantheon weisen kosmische *Shaktis* auf, weibliche Gegenstücke, die in der Welt im Namen der leidenden Menschheit wirken. Die Vereinigung von Weisheit und Mitgefühl wird auch durch die Gesten der tantrischen Göttin Prajnaparamita, einer *Shakti* des kosmischen Buddha, symbolisiert. Ihr Finger und Daumen bilden einen Kreis; das zeigt die gegenseitige Abhängigkeit von *Samsara* und *Nirwana*. Es entspricht der Mahayana-Einsicht, dass *Samsara* und *Nirwana* nicht Gegensätze, sondern ein und dasselbe sind.

Visualisierung

Obwohl es die Einsichts- oder *Vipassana*-Meditation (S. 76) war, die dem Buddha zur Erleuchtung verhalf, hatte er zuvor Konzentrationsyoga (*Samadhi*) studiert, und diese »Einpunkt-Konzentration« blieb Teil der Praxis des Buddha und wurde der abschließende Faktor des Achtfachen Pfads.

Um einen unerschütterlichen Zustand des *Samadhi* zu erlangen, entwickelten indische Buddhisten Übungen in konzentriertem Erinnern. Zu dieser Übung zogen sie sich an einen abgeschiedenen Ort zurück und fertigten eine kleine farbige Erdscheibe, ein so genanntes Erd-*Kasina*. Sie konzentrierten sich auf diese Scheibe und reproduzierten das Bild in ihrem Geist. Wenn man diesen Vorgang einmal kontrollieren kann, vermeidet man Ablenkungen und kann seine Aufmerksamkeit gänzlich dem Dharma zuwenden.

Spätere Buddhisten entwickelten ähnliche Techniken, um sich damit den Gottheiten und *Bodhisattvas* anzunähern. Anhänger der Schule des Reinen Lands (S. 152) visualisieren ein Bild des Amitabha Buddha oder einer Himmelslandschaft, um das persönliche *Karma* zu reduzieren und die Wiedergeburt im westlichen Paradies *(Sukhavati)* zu erlangen. Tantra-Buddhisten werden in eine besondere Beziehung mit einem Schutzgott (*Yi-dam*) gestellt, dessen Angst einflößender Aspekt den Unreinheiten des »Anfänger-Buddhisten« entspricht. Sobald das Bild der Gottheit wiederholt visualisiert wurde, lassen diese ihren ursprünglich unreinen Zustand hinter sich und werden eins mit den höheren Eigenschaften der Gottheit.

HEILIGER SYMBOLISMUS

Visualisierung eines Bilds der Liebe

Tantrische Visualisierungen sollten nur unter Anleitung eines Lehrers praktiziert werden. Doch Sie können sie als Konzentrationsübung einsetzen.

1 Entspannen Sie Ihren Körper 10 Minuten mit sanften Yoga- oder Tai-Chi-Übungen.

2 Setzen Sie sich an einen ruhigen Ort. Legen Sie dieses Bild des Bodhisattva Maitreya vor sich.

3 Betrachten Sie das Bild 30 Sekunden lang und nehmen Sie jedes Detail auf.

4 Schließen Sie die Augen und erzeugen Sie ein mentales Bild des Maitreya. Behalten Sie dieses Bild so lange wie möglich in Ihrem Geist. Wenn das Bild verblasst, öffnen Sie langsam die Augen.

5 Wiederholen Sie die Übung. Verlängern Sie Phase 4 sukzessive auf bis zu 20 Minuten.

HEILIGER SYMBOLISMUS

Tempel

Der Buddha glaubte an die Götter, doch er besuchte Schreine eher als Tourist denn als Gläubiger und fragte sich vielleicht, wofür spätere »buddhistische Tempel« gut waren. Dennoch kann die Entstehung einer Tempeltradition auf die Unterkünfte (*Vihara*) zurückzuführen sein, die der Buddha selbst nutzte. Kaufleute und Adelige stellten sie für die Regenzeit zur Verfügung.

Innerhalb von zwei Jahrhunderten nach dem Tod des Buddha kamen Meditationshallen, *Stupas* (S. 146), und Schreine zur Praktizierung des Glaubens (*Puja*) zu diesen Monsun-Unterständen hinzu. Ähnliche Stätten wurden im 3. Jh. n. Chr. von Kaiser Ashoka eingerichtet. Ab dieser Zeit wurden Klöster zu multifunktionellen Zentren, in denen Mönche lebten, lehrten und Schreinen huldigten, die sich manchmal zu Tempeln entwickelten.

Die großen indischen buddhistischen Tempel in Ajanta und Ellora aus dem 5. Jh. n. Chr. gehen auf spätere buddhistische Gemeinden zurück, und das enorme Tempelkloster in Anuradhapura in Sri Lanka stammt etwa aus derselben Zeit. Mit der Verbreitung des Buddhismus entstanden in Asien viele Meditationstempel sowie *Puja*. Von den chinesischen T'ang-Tempeln, den japanischen Tempeln Nara und Kyoto aus dem 8. Jh., der burmesischen Anlage in Pagan (11. Jh. n. Chr.), Borobudur auf Java (800 n. Chr.) und den exquisiten koreanischen Tempeln der Silla-Dynastie (8. Jh. n. Chr.) sind viele erhalten geblieben. Die Zerstörung von Klöstern und Tempeln in Tibet bleibt eine der religiösen und architektonischen Tragödien der jüngeren Geschichte.

Der Tempel von Ta Keo, Angkor, Kambodscha. Der große Turm in der Mitte repräsentiert den »Tempelberg« im Zentrum des Universums.

Gärten

Im 10. Jh. n. Chr. schuf der japanische Adel Gärten als Plätze, in die man sich vom Hofleben zurückziehen konnte. Diese bildeten die Basis für die buddhistischen Tempelgärten, die zu Orten der Einkehr und Objekten der Meditation wurden.

Vorstellungen vom Paradies

Die frühen Tempelgärten waren vom Buddhismus des Reinen Lands beeinflusst (S. 152). Landschaftlich gestaltet mit einem Teich und duftenden Blumen rund um den zentralen Silberpalast ist der Ginkakuji-Garten in der Nähe von Kyoto eine Vision des westlichen Paradieses. Gartenarchitekten ließen sich auch von der chinesischen Landschaftsmalerei mit ihren Felsen, Bäumen und Eremitenbehausungen inspirieren. Diese Darstellungen der unbeständigen Welt und der Leere des *Nirwana* wurden in harmonischen dreidimensionalen Formen in Gärten wie jenem des Byodo-in-Tempels (ebenfalls nahe Kyoto) entwickelt.

Felsen, die sich aus kreisförmig geharktem Kies in einem Zen-Garten in Frankreich erheben

Plätze stiller Meditation

Die Zen-Gartenkunst erreichte gegen Ende des 15. Jahrhunderts in Kyoto ihren Höhepunkt. Künstlich und doch elementar besteht der berühmteste dieser Gärten, Ryoanji, aus einem Rechteck, aus dem sich 15 ausgewählte Felsen wie Inseln aus einem Meer von geharktem Sand und Kies erheben. Es gibt Punkte, an denen man über die rätselhafte Kalligraphie der Steine sinnieren kann. *Samsara* und *Nirwana*, Leere und Form, kommen in diesen tiefen Abstraktionen zusammen.

HEILIGER SYMBOLISMUS

Die Seidenstraße

Die Seidenstraße ist eine der weltweit ältesten und längsten Handelsstraßen. Sie erstreckt sich von den östlichen Städten am Mittelmeer durch Zentralasien und Indien bis zur altchinesischen Hauptstadt Chang-an. Entlang dieser Route wurden Metalle, Wolle und Edelsteine aus Europa gegen asiatische Seide, Jade und Gewürze getauscht. Die Städte entlang der Seidenstraße wurden Zentren des kulturellen und religiösen Austausches zwischen Muslimen, Christen und auch Buddhisten.

Für die Buddhisten repräsentiert die Seidenstraße die Ausbreitung der Religion von Nordindien und Gandhara (das moderne Pakistan und Afghanistan) bis nach

Das westliche Paradies aus der Sicht des Reinen Lands, ca. 618–907 n. Chr. Dun-Huang-Höhlen, China

China und schließlich Korea und Japan. Indische Mönche bereisten diese Route gemeinsam mit Händlern erstmals um 300 v. Chr. und erreichten China vermutlich etwa 50 n. Chr. Einer Legende zufolge träumte der Han-Kaiser Mingdi von einer goldenen Figur mit Glorienschein, bei der es sich, wie seine Berater ihm sagten, um eine Vision des Buddha handelte. Ein nach Indien Gesandter kehrte mit heiligen Texten und Gemälden sowie buddhistischen Lehrern zurück. Weitere Mönche folgten, und viele Chinesen konvertierten zu dieser Religion. Die chinesischen Buddhisten gingen in der Folge auf Pilgerfahrt und machten sich entlang der Seidenstraße in den Westen auf.

REISENDE UND TEXTE

Der berühmteste Pilger auf der Seidenstraße war der chinesische Mönch Hsuang Tsang, der im 7. Jahrhundert nach Indien reiste und mit einer einflussreichen Sammlung buddhistischer Texte zurückkehrte. Die Geschichte seiner Reise findet sich in der chinesischen Volkssage *Affe*. Der Archäologe Aurel Stein folgte 1900 seiner Route und machte Funde von Artefakten, die in der Wüste konserviert worden waren. Bald darauf wurde ein noch außergewöhnlicherer Schatz in Höhlen bei Dun Huang gefunden, darunter das früheste gedruckte Buch, eine chinesische *Diamant-Sutra*.

HEILIGER SYMBOLISMUS

Pilgerfahrten

Kurz vor seinem Tod schlug der Buddha seinem Begleiter Ananda einen Besuch des Capala-Schreins vor, der sich in der Nähe ihres Aufenthaltsorts befand. Dieser heilige Ort war ein Schrein für die lokalen vorbuddhistischen Gottheiten in einem Hain, den der Buddha für »wunderbar« hielt.

Das Erlangen von Verdiensten

Buddhistische Pilger in Bodh Gaya, Indien. An diesem Ort erfuhr der Buddha Erleuchtung.

Auf der Suche nach Verdiensten und glücklicher Wiedergeburt besuchte man damals Schreine. Der Buddha schätzte diese Praxis und wies seine Anhänger an, diese zu verbreiten. In den folgenden zwei Jahrhunderten wurden vier Stätten, die mit Ereignissen im Leben des Buddha verbunden waren, zu wichtigen Pilgerstätten der Buddhisten: sein Geburtsort in Lumbini, der Ort seiner Erleuchtung in Bodh Gaya, der Park in Sarnath, wo er seine erste Predigt hielt, und Kusinara, wo er starb. Ein Besuch dieser Stätten kann das Dharma greifbar machen und den Glauben in den buddhistischen Weg vertiefen.

Im 3. Jh. n. Chr. stärkte der indische Kaiser Ashoka die buddhistische Pilgertradition mit einem Besuch in Lumbini, wo er eine Gedenksäule mit Inschrift errichtete. Schreine für andere buddhistische Respektspersonen weiteten die Geografie der Pilgerfahrten aus. Sobald sich der Buddhismus nach Osten und Norden verbreitet hatte, nahmen Reisende wie der tibetische Weise Marpa Mahayana-Lehren von ihren Pilgerfahrten mit nach Hause. Durch ihr eigenes Erlangen von Verdiensten verbreiteten sie das Dharma auch durch ihr Vorbild.

KAPITEL FÜNF

SPIRITUELLER KOSMOS

Beim buddhistischen Bewusstsein geht es um das Hier und Jetzt, doch viele Buddhisten sind der Ansicht, dass auch Zeit und Raum der individuellen Erfahrung in einem Universum von Gottheiten und Himmeln bestehen. Diese Sphären haben als Symbol der Früchte heilsamen und nicht heilsamen Handelns einen enormen Wert.

Der buddhistische Kosmos

Die frühen Buddhisten interessierten sich mehr für ihren spirituellen Zustand als für Mythen. Doch der Buddha erzählte die Geschichte der Schöpfung, der zufolge das Universum einst eine Sphäre war, in der Lebewesen lebten, die »aus Licht gemacht« und »von Freude genährt« wurden, bis Gier zur Verwandlung in eine gröbere Form führte: die Menschheit.

Für eine Religion, die sich mit persönlicher Befreiung befasst, hat der Buddhismus eine komplexe Kosmologie. Im Laufe seiner 2.500-jährigen Entwicklungsgeschichte brachte er eine faszinierende kosmologische Landkarte physischer und spiritueller Welten hervor, darunter viele geringfügig unterschiedliche Himmel und Höllen. Die folgende Zusammenfassung ist den meisten buddhistischen Schulen gemeinsam.

Landkarte des Universums

Im Mittelpunkt des buddhistischen Kosmos steht der mythische Berg Meru, umgeben von vier Kontinenten. Einer davon ist Jambudvipa, die Insel des »Rosenapfelbaums«, die Indien als auch die ganze Welt der Menschen darstellt. Drei weitere Sphären umfassen den Rest des Universums. Eine dieser Sphären ist die Welt der Sinne, die wiederum sechs Reiche umfasst (S. 142), darunter von Göttern bewohnte Himmel, die Welt der Dämonen, die Welt der Menschen, eine Welt der Tiere, die Welt der »hungrigen Geister« und eine Reihe von Höllen. Menschen können, je nach ihrem *Karma*, in eine dieser Welten wiedergeboren werden.

SPIRITUELLER KOSMOS

Die beiden anderen Sphären werden als die »höheren« Sphären bezeichnet. Sie gelten als die feinmaterielle Welt der Gottheiten und die immaterielle Welt, in die Menschen wiedergeboren werden können, die »unbegrenztes Bewusstsein« durch Konzentrationsmeditation erlebt haben.

Eine Interpretation des *Nirwana* legt sogar nahe, dass die Schöpfungsgeschichte umgekehrt werden und dass Erleuchtung eine Rückkehr zum Zustand dieser licht- und freudeerfüllten Wesen darstellen kann.

Das Rad des Lebens

Religiöse Gemälde aus der tibetischen buddhistischen Tradition stellen die Welt der Sinne oft als Rad des Lebens dar, ein Bild der Reiche, in die Menschen wiedergeboren werden können. Die sechs Reiche teilen sich in zwei Gruppen.

Die Glück verheißenden Wiedergeburten

Die obere Hälfte zeigt die drei positiven Reiche. Im Mittelpunkt steht der Himmel – ein angenehmer Ort, doch einer, von dem aus die Götter selten das *Nirwana* betreten, da ihr sinnliches Leben keinen Anreiz bietet, diesen Ort zu verlassen. Rechts davon ist das Reich der Dämonen, in das jene, die von Ärger besessen sind, wiedergeboren werden. Links davon befindet sich das Reich der Menschen – eine Welt des Leidens, aber die einzige Welt, in der man das Dharma praktizieren kann.

Die bedauernswerten Wiedergeburten

Die untere Hälfte enthält die drei niedrigen Reiche. Links ist das Reich der Tiere, in das Menschen, die von Ignoranz, Kriminalität und sexueller Unmoral besessen sind, wiedergeboren werden. Im Mittelpunkt stehen die Höllen, wo jene verbrennen oder erfrieren, die von Hass motiviert sind. Rechts befinden sich die Geister, die für ihre mangelnde Freigebigkeit mit Hunger bestraft werden.

Im innersten Ring werden Gier, Hass und Täuschung durch ein Schwein, eine Schlange und einen Hahn dargestellt, die sich endlos verfolgen. Das ganze Rad des Lebens wird von Yama, dem Gott des Todes, gehalten.

Ein tibetisches Thangka (Gottesbild) des Rad des Lebens, das den Zyklus von Tod und Wiedergeburt abbildet.

SPIRITUELLER KOSMOS

Mandalas

Das Sanskrit-Wort *Mandala* bedeutet »Kreislauf«. Sowohl im Hinduismus als auch im tantrischen Buddhismus sind *Mandalas* heilige Diagramme, die aufwändig gemusterte Kreise und Vierecke vereinen. Diese dienen als Meditationsobjekte.

Schlüssel zu Kosmos und Psyche

Auf metaphysischer Ebene stellen *Mandalas* ein vielschichtiges Universum dar, in dessen Mitte ein zorniger oder erhabener *Buddha* oder auch der Berg Meru, das Zentrum des buddhistischen Kosmos, steht. Der Mittelpunkt des *Mandalas* ist auch ein Punkt der Wahrheit und Auflösung.

Rundherum liegen die Himmelsrichtungen, denen jeweils Gottheiten und *Buddhas* vorstehen. Dazwischenliegende gemusterte Bereiche symbolisieren Luft, Erde, Feuer und Wasser sowie die Möglichkeiten und Unvollkommenheiten der menschlichen Psyche. Der Schöpfer eines *Mandalas* oder ein Eingeweihter, der darüber meditiert, tritt damit in eine Beziehung mit dem buddhistischen Kosmos und sieht das menschliche Dasein mit all seinen Widersprüchlichkeiten.

Physische und zeitliche Aspekte

Die einfachsten *Mandalas*, etwa die heiligen, auf Stein gezeichneten, tibetischen Zeichen, sind oft inkonsequent. Doch die komplexesten *Mandalas* bilden die Basis der Tempelarchitektur. Klassische Anlagen von Hindu-Tempeln führen die Anbeter durch ein Labyrinth aus Höfen, bis sie sich im innersten Schrein Aug

SPIRITUELLER KOSMOS

Ein tibetisches Mandala aus dem 16. Jh.

in Aug mit Gott befinden. Der buddhistische Tempel in Borobudur, Java, basiert auf einem *Mandala*-Muster mit vielen Ebenen und spirituellen Bewohnern, die zum Gipfel hochsteigen, der das Absolute und das *Nirwana* repräsentiert. In allen *Mandalas* wird der Meditierende in Stufen zu diesem zentralen Punkt geführt, bei dem Individualität und Vielfalt in einem Zustand der Leere verschleiert sind.

Leere in allen Dingen

»Wenn Gedanken als Leere und Mitgefühl erkannt werden, nicht unterscheidbar, ist dies tatsächlich die Lehre des Buddha von Dharma und Sangha. Wie Süße das Wesen des Zuckers und Wärme die des Feuers ist, so ist Leere das Wesen der Elemente. Durch Wissen um das Samsara entsteht das Nirwana.«

Advayavajrasamgraha, 11. Jh. n. Chr.

Die *Stupas*

Stupas sind Denkmäler für die Reliquien wichtiger buddhistischer Persönlichkeiten – Plätze zum Beten und Meditieren. Diese kunstvollen Gebäude haben die Form eines hohen Gewölbes, die auf die bei Hindu-Begräbnissen verwendeten Hügel zurückgeht. An der Basis befindet sich eine quadratische Plattform, in der Mitte eine Kuppel und am Scheitel erhebt sich ein oft von schirmförmigen Platten umwundener Turm. Basis und Kuppel sind häufig mit Verputz beschichtet und mit behauenen Steinplatten verziert. Abgesehen von der Reliquienkammer ist die gesamte Struktur fest und enthält kein betretbares Inneres. Die größeren *Stupas* sind von Wegen umgeben, auf denen die Menschen in der glücklichen, »sonnengemäßen« Richtung gehen können, während sie über symbolischen Schnitzarbeiten und Darstellungen aus dem Leben des Buddha meditieren.

DER SYMBOLISMUS DER *STUPA*

Dem Symbolismus der *Stupa* kommt eine grundlegende Bedeutung zu. Die Erde, die das Gebäude stützt, symbolisiert die buddhistische Tugend der Freigebigkeit, die quadratische Basis die sinnliche Zurückhaltung und die Kuppel das *Nirwana* und die endgültige Auslöschung des Buddha (*Parinirwana*), während der Turm an das Mitgefühl des Buddha erinnert. Darüber kann man meditieren, während man um das Gebäude geht.

SPIRITUELLER KOSMOS

Die Reliquien des Buddha

Der Buddha ordnete an, dass seine Überreste konserviert werden sollten. Nach seinem Tod stritten sich die lokalen Herrscher darum. Schließlich wurden die Relikte friedlich aufgeteilt, doch die *Stupas*, die diese enthielten, gingen leider verloren. Zahllose spätere Denkmäler wurden errichtet, um die Überreste, Schalen und Roben anderer buddhistischer Weiser zu beherbergen. Für glückbringende Inschriften wurden kleinere Stupas errichtet.

Variationen des Designs

Die schönsten indischen *Stupas* wurden in Sanchi und Amaravati erbaut (3. Jh. v. Chr. –7. Jh. n. Chr.). Doch auch in Burma, Thailand und Sri Lanka gibt es faszinierende Denkmäler. Tibetische *Chorte* enthalten die Überreste verehrter Lamas. Als sich der Stupa-Bau im Nahen Osten verbreitete, entstanden aus den schirmförmigen Platten auf dem Turm die segmentierten Teile der Holzpagoden.

Bodhisattvas

Bodhisattva ist das Sanskrit-Wort (*Bodhi-satta* in Pali) für »Erleuchtungswesen«. In frühen buddhistischen Texten bezieht sich das Wort auf den Prinzen Siddhartha (S. 21–23) vor seiner Erleuchtung sowie auf seine früheren Inkarnationen. Doch vor dem *Buddha* existierten noch andere Buddhas, und auch in Zukunft werden andere existieren. In der Mahayana-Tradition nahm man an, dass es auch mehr als einen *Bodhisattva* gäbe.

Auf dem Weg zur Erleuchtung

Im Gedankengut der Theravada und Mahayana gibt es auf dem Weg zur Erleuchtung mehrere Stufen. In der Theravada-Tradition ist der letzte Schritt jener von *Arahat*, der »Ehrwürdige« oder »Perfekte«, der das *Nirwana* mit Hilfe eines erleuchteten Lehrers erreicht. Etwa im 1. Jh. n. Chr. lehnten die Erneuerer der Mahayana-Tradition die Betonung der individuellen Erlösung zunehmend ab. Sie ersetzten das *Arahat*-Ideal durch den *Bodhisattva*, eine halb-mythologische Beschützerfigur, die die Weisheit und das Mitgefühl des Buddha an die leidende Menschheit weitergab.

SPIRITUELLER KOSMOS

Eigenschaften des *Bodhisattva*

Zwischen dem *Bodhisattva* und dem *Arahat* gibt es zwei Unterschiede. Während der *Arahat* Einsicht und Verzicht darstellt, steht der Bodhisattva für Weisheit, Freigebigkeit und Mitgefühl. Zudem bewegt sich der *Arahat* in Richtung *Nirwana*, während der *Bodhisattva* auf das *Nirwana* verzichtet, bis er alle anderen Lebewesen an den Punkt der Befreiung gebracht hat.

Der Ausdruck der Bodhisattva-Freigebigkeit zeigt sich im *Diamant-Sutra*, in dem ein Bodhisattva erklärt: »So viele Lebewesen, wie es im Universum gibt … so viele muss ich zum Nirwana führen.« Doch dazu müssen Bodhisattvas die Vorstellung des Selbst aufgegeben haben und damit beweisen, dass sie für das Nirwana bereit sind.

Eine tibetische Statue von Avalokiteshvara. Der Bodhisattva wird oft mit vielen Armen und Gesichtern dargestellt, um zu zeigen, dass er alles sieht, hört und berührt.

DER MITFÜHLENDE *BODHISATTVA*

Einer der meistgeliebten Bodhisattvas war *Avalokiteshvara* (*Kuan Yin* auf Chinesisch; *Kannon* auf Japanisch), der mitfühlende Bodhisattva. Er – oder manchmal sie – wurde in vielen buddhistischen Kunstwerken abgebildet. Das *Herz-Sutra* beschreibt, wie Avalokiteshvara herunterblickt und die Leere der Erscheinungen in einer Mischung aus Liebe und Einsicht analysiert.

SPIRITUELLER KOSMOS

Gottheiten

Der Buddha lebte in einer Welt voller Gottheiten wie Vishnu und Brahma und untergeordneten Geistern. Doch obwohl der Buddha die Existenz der Gottheiten akzeptierte, betrachtete er diese als nicht erleuchtete Wesen, die das *Nirwana* nicht betreten konnten, da sie den Mittelweg noch nicht verstanden hatten.

Im Gegensatz zu den meisten anderen Religionen der Zeit begann der Buddhismus als Weg, bei dem Götter nur eine marginale Rolle spielten. Doch mit dem verstärkten Mahayana des 1. Jahrhunderts n. Chr. entstand ein populistischer Buddhismus. Auf der Verehrung eines Buddha und einer Reihe von *Bodhisattvas* aufbauend bot der Mahayana-Buddhismus die Rettung für die immer ärmeren Stadtbewohner Indiens. Dieser Trend wurde zur Grundlage der Gottheiten der Schule des Reinen Lands (S. 152), die im 5. Jahrhundert zunächst in China und dann in Japan entstand.

Tantrische Gottheiten

Als der buddhistische Missionar Padmasambhava (8. Jh.) in Tibet ankam, vereinbarte er mit den regionalen Führern der Bon-Religion, dass lokale Götter in das Dharma aufgenommen werden. Das tantrische Pantheon wurde so zu einem Zusammenschluss von tibetischen Bon- und indischen Hindu-Gottheiten. Selbst die zornigen Gottheiten der tibetischen Kunst sind Bestandteil: Einige fungieren als Beschützer des Dharma, während andere persönliche Beschützer sind, mit deren Hilfe die Anhänger Unvollkommenheiten in Einsicht verwandeln können.

Das Reine Land

Die Buddhisten suchen im *Samsara* Erlösung von der Wiedergeburt, indem sie einen von zwei Wegen verfolgen: aus »eigener Kraft« oder Meditation, oder in der Schule des Reinen Lands durch die »andere Kraft« des Glaubens.

Der mitfühlende Buddha

Der Buddhismus des Reinen Lands stammt aus Indien; es ist eine Mahayana-Sekte, die China im 4. Jh. n. Chr. erreichte. Der Erfolg dieser Bewegung resultierte aus dem Versprechen der Erlösung durch den Glauben an den mitfühlenden Buddha des westlichen Paradieses. Dieser *Buddha* war Amitabha oder Amida (»Unendlicher Glanz«), einer der fünf himmlischen *Buddhas*. Die Vorstellung des westlichen Paradieses stammte aus Sanskrit-Texten, die Sukhavati beschrieben, einen »Ort des Glücks«, an dem die Treuen in Segen wiedergeboren wurden und wo sie für alle Zeiten die Reden des Buddha hören konnten.

Dieses tibetische Gemälde aus dem 18. Jh. zeigt Paradiese der Reinheit und Macht gemeinsam mit Buddhas, Bodhisattvas und Lamas.

Rezitieren des heiligen Namens

Als der Buddhismus in China und dann in Japan Fuß fasste, zog das Versprechen der Erlösung insbesondere die Armen an, die weder Zeit noch die Gelegenheit zum Studieren und Meditieren hatten. Um das Sukhavati zu betreten, musste man nur den Namen von Amitabha aufrichtig wiederholen und dabei die Phrase »Huldigung des Amitabha Buddha« sprechen – eine in China als »Nianfo« und in Japan als »Nembutsu« bekannte Praxis.

SPIRITUELLER KOSMOS

Eine Hymne des Reinen Lands

Er beschützt die Anhänger von Nembutsu,

In den Welten der zehn Viertel, so zahlreich wie Staubpartikel.

Er umarmt und verlässt sie nicht:

Daher ist sein Name Amida.

Glossar

Achtfache Pfad, der Die Vierte Edle Wahrheit und der Weg zu Erleuchtung und Nirwana

Amida Ein mitfühlender *Buddha*, der im »Reinen Land« wohnt

Anatta Pali für »Nicht-Selbst«; Lehre, die die Vorstellung einer wesenhaften, unveränderlichen Einheit im Kern einer Person ablehnt

Arahat Ein »erleuchtetes Wesen« der Theravada-Tradition

Avalokiteshvara Ein *Bodhisattva*, dessen Name »Herr, der mitfühlend herunterblickt« bedeutet

Berg Meru Mythologischer Berg im Zentrum des hinduistischen und buddhistischen Kosmos

Bodhi Sanskrit für »Erleuchtung«

Bodhisattva Sanskrit-Begriff für ein »Erleuchtungswesen«, dem das Erreichen des *Nirwana* vorbestimmt ist

Bodhisattva, der Name, der sich auf Siddhartha Gautama bezieht, ehe er der Buddha wurde

Brahma Hochrangiges Mitglied der drei höchsten Hindu-Götter (Brahma, Vishnu und Shiva)

Brahmane (oder Brahmine) Ein Mitglied der Hindu-Priesterkaste

Buddha Ein »Erwachter«, der das *Nirwana* ohne Hilfe der Lehre eines anderen *Buddha* in seinem derzeitigen Leben erreicht hat

Buddha, der Siddhartha Gautama, der historische Begründer des Buddhismus

Buddha-Geist Die »ultimative Realität«

Ch'an Richtung des Buddhismus, die im 6. Jh. n. Chr. in China gegründet wurde; bestätigte die Bedeutung der Meditation gegenüber dem Wissen um Schriften und lehrt, dass Erleuchtung im eigenen Buddha-Wesen zu finden ist, das jeder hat (siehe Zen)

Dharma, das Das Verständnis des Buddha von ewiger Wahrheit; der Kern des buddhistischen Gedankenguts

Dukkha Pali für »Leiden« oder »Unzulänglichkeit«

Erleuchtung Vollständige persönliche Erkenntnis im Geist, Handeln und Körper der Lehre des Buddha

Hinayana »Kleineres Fahrzeug«, bezieht sich auf alle Nicht-Mahayana-Traditionen einschließlich Theravada

Karma Sanskrit für »Handeln«; das Gesetz von Ursache und Wirkung

Karuna Sanskrit für »Mitgefühl«, ein mit *Buddhas* und *Bodhisattvas* verbundenes Ideal

Koan Ein von Zen-Lehrern als Meditationshilfe verwendetes Rätsel

Lama Ein spiritueller Lehrer, der die tantrische Meditation beherrscht

Magadhi Altindische Sprache, die möglicherweise von Buddha gesprochen wurde

Magadha Königreich im indischen Ganges-Tal des 6. Jh. v. Chr.

Mahayana Sanskrit für »Großes Fahrzeug«, eine philosophische und/oder fromme buddhistische Tradition

Mandala In der Meditation verwendetes Diagramm des Kosmos und des Selbst

Mantra Mystische Silbe(n); in Sanskrit oder Tibetisch

GLOSSAR

Mara Hindu-Gott des Bösen, der Versucher
Metta Pali für »universelle Liebe« oder »liebevolle Güte«
Mudita Freude über das Glück anderer
Mudra Fromme Geste
Nirwana Sanskrit für das »Auslöschen« der Flamme des Werdens; todesloser Zustand des Friedens; vollständige Erleuchtung
Pali Eine Version der Sanskrit-Sprache, in der frühe Theravada-Texte verfasst wurden
Puja Sanskrit für eine Andachtszeremonie
Reines Land Ein Paradies, in dem die Guten, aber nicht die Erleuchteten wiedergeboren werden können; Sekte der Mahayana-Buddhisten, die meint, dass hier die Erlösung zu finden sei
Rinzai Zen-Sekte, die das *Koan*-Studium zur Erlangung der plötzlichen Erleuchtung betont; japanischer Name des Chinesen Lin-Chi, der die Schule im 9. Jahrhundert begründete

Samadhi Sanskrit für »Konzentrationsmeditation«
Samsara »Ewige Wanderung« durch Wiedergeburt; gewöhnliche Realität
Sangha, die Die buddhistische Gemeinde
Sanskrit Altindische Sprache, in der Hindu- und Mahayana-Texte verfasst wurden
Satori Die Zen-Erfahrung der plötzlichen Erleuchtung
Siddhartha Gautama Buddhas persönlicher Name
Soto Zen-Sekte, die im 13. Jahrhundert vom Meister Dogen gegründet wurde, der die Meditation des »Nur Sitzens« als Weg zum Finden seines inhärenten Buddha-Wesens betonte
Sutra Sanskrit für buddhistischen Diskurs (*Sutta* in Pali)
Tantra Schule des Mahayana-Buddhismus, die nach den *Tantras* benannt wurde, Texten, die als Buddhas geheime Lehren betrachtet wurden
Tao Chinesisches Wort für »Weg« oder »Pfad«

Täuschung Spirituelle Ignoranz und Verwirrung; Fehlen von Bewusstsein des Dharma
Theravada Die »Doktrin der Älteren«, eine Schule des Buddhismus, die im ersten Jahrhundert nach Buddhas Tod entstand
Vajrayana Sanskrit für »Diamanten-Fahrzeug«; kurzer Text aus der Literatur über die »Vollkommenheit der Weisheit«
Vier Edlen Wahrheiten, die Die Diagnose des Buddha des menschlichen Leidens und die Heilung des Leidens
Vipassana Pali für »Einsichtsmeditation«, die den Geist disziplinieren soll, während Klarheit über die Wirklichkeit gefördert wird
Yoga Brahmanische/hinduistische religiöse Disziplin
Zazen Zen-Meditation im Sitzen
Zen Japanische Mahayana-Tradition, die aus dem Ch'an-Buddhismus entstand

Literaturempfehlungen

Batchelor, Stephen: *Buddhismus für Ungläubige,* Frankfurt am Main 1998

Bechert, Heinz und Richard Gombrich: *Der Buddhismus,* München 2000

Bottini, Oliver: *Das große O. W. Barth-Buch des Buddhismus,* Frankfurt am Main 2004

Brucker, Karin und Christian Sohns: *Tibetischer Buddhismus – Handbuch für Praktizierende im Westen. Geschichte, Lehre und Praxis, Feste, Rituale, Feiertage,* Frankfurt am Main 2003

Carrithers, Michael B.: *Der Buddha,* Ditzingen 1996

David-Neel, Alexandra: *Die geheimen Lehren des tibetischen Buddhismus,* Freiburg 2002

Dalai Lama XIV. (Tenzin Gyatso): *Der buddhistische Weg zum Glück. Das Herz-Sutra,* Frankfurt am Main 2004

Dalai Lama XIV. (Tenzin Gyatso): *Ohne Anfang, ohne Ende. Die acht Schritte zu einem sinnerfüllten Leben,* Frankfurt am Main 2001

Dalai Lama XIV. (Tenzin Gyatso): *Die Vier Edlen Wahrheiten,* Frankfurt am Main 2000

Dalai Lama XIV. (Tenzin Gyatso): *Die Essenz der Meditation,* München 2005

Dumoulin, Heinrich: *Begegnung mit dem Buddhismus,* Freiburg 1985

Han, Byung-Chul: *Philosophie des Zen-Buddhismus,* Ditzingen 2002

Hanh, Thich Nhat: *Die fünf Pfeiler der Weisheit,* München 2000

Hanh, Thich Nhat: *Wie Siddhartha zum Buddha wurde,* München 2004

Hanh, Thich Nhat: *Ich pflanze ein Lächeln,* München 1991

Hanh, Thich Nhat: *Das Wunder des bewussten Atmens,* Berlin 2003

Hanh, Thich Nhat: *Umarme deine Wut,* Berlin 2002

Hanh, Thich Nhat: *Das Wunder der Achtsamkeit,* Berlin 2002

Hanh, Thich Nhat: *Kein Werden, kein Vergehen,* Frankfurt am Main 2003

Hanshan: *Gedichte vom Kalten Berg,* Freiamt 2001

Herrigel, Eugen: *Zen in der Kunst des Bogenschießens,* Frankfurt am Main 2003

Ikeda, Daisaku: *Der Buddha lebt,* München 2000

Karta, Lama: *Buddhismus. Eine Einführung in die Lehre Buddhas,* Frankfurt am Main 1998

Keown, Damien: *Lexikon des Buddhismus.* Übersetzt und bearbeitet von Karl-Heinz Golzio, Düsseldorf 2005

LITERATUREMPFEHLUNGEN

Köppler, Paul H.: *So spricht Buddha.* Die schönsten und wichtigsten Lehrreden des Erwachten, Frankfurt am Main 2004

Mullin, Glenn H.: *Der »verrückte« Weise auf Tibets Königsthron.* Mystische Verse und Visionen des Zweiten Dalai Lama, Frankfurt am Main 2003

Nyanaponika Thera und Hellmuth Hecker: *Die Jünger Buddhas.* Leben, Werk und Vermächtnis der 24 bedeutendsten Schüler und Schülerinnen des Erwachten, Frankfurt am Main 2003

Rinpoche, Khandro: *Wertvolles Leben.* Der Weg des tibetischen Buddhismus, München 2003

Rinpoche, Sogyal: *Meditation.* Das Herzstück von »Das tibetische Buch vom Leben und vom Sterben«, Frankfurt am Main 1999

Roach, Geshe M.: *Die Weisheit des Diamanten,* München 2005

Roach, Geshe M.: *Das tibetische Yoga des Herzens,* Berlin 2004

Roach, Geshe M.: *Der Garten des Buddha,* München 2002

Schumann, Hans W.: *Die großen Götter Indiens,* München 2004

Shantideva, Hangartner, Diego und Dalai Lama XIV.: *Anleitungen auf dem Weg zur Glückseligkeit,* Bodhicaryavatara, Frankfurt am Main 2005

Suzuki, Shunryu: *Leidender Buddha – glücklicher Buddha.* Zen-Unterweisungen, Berlin 1998

Suzuki, Shunryu: *Zen-Geist, Anfänger-Geist,* Berlin 2002

Zotz, Volker: *Mit Buddha das Leben meistern,* Hamburg 2003

Register

A
Achtfacher Pfad 36–37
Achtsamkeit 37, 58, 76, 77
Ananda 41, 90, 136
Anatta (Fehlen des Selbst) 54–55
Arahat 148
Ashoka, Kaiser 11, 130, 136
Atmung 92
Aung San Suu Kyi 104–105

B
Begegnungen, die vier 22
Bilder des Ochsen 118–119
Bodhi-Baum 29, 44, 113
Bodhisattva (Buddha) 22–30
Bodhisattva-Pfad 60
Bodhisattvas 148
Buddha, Leben des 20-39
    Hände des 110
    Gesicht des 108
    Tod des 40
Buddhismus, Geschichte des 8–13

C
Chorten 147

D
Dalai Lama 13, 88, 104–105
Dharma 36, 37, 46, 46, 52, 53, 57, 58, 68, 88, 91, 142
Diamant-Sutra 62, 149
Dichtkunst 120
Dogen, Zen-Meister 103
Drei Juwelen 43
Drei Merkmale des Daseins 54
Durchbrechen des Kreislaufs 57

E
Edle Wahrheiten, vier 34–37, 45
Einheit, der Gegensätze 126
Einsicht 37, 76
Einsichtsmeditation 93
Energie 58, 60
Erleuchtung 29–37, 53, 58, 96, 103

F
Faktoren der Erleuchtung 58
Fasten 26, 45
Feuerpredigt 49
Floß-Sutra 52
Freigebigkeit 60, 61
Fünf Silas 70

G
Gärten 133
Gebetsräder 88
Gesänge 67, 68, 70, 85, 90–91
Gleichmut 58, 84
Gottheiten 150

H
Harmonie 91
Herz-Sutra 62, 149
Hui Neng 96, 116

I
Illusion durchschneiden 82

K
Kalligraphie 116
Karma 18–19, 56–57, 140
Kausalgesetz 56–57
Koans 100–101
Kosmos, buddhistischer 140–141

L
Laien, buddhistische 73
Lankavatara-Sutra 96
Leben, frühere 33
Leere 65
Liebe, universelle 84

REGISTER

Loslassen 81
Lotusblüte 114

M
Mahayana 12, 60, 96, 126, 148, 150
Mandalas 144–145
Manjushri 82
Mantras 67, 82, 88-89, 124, 126
Mara, Gott des Todes 30
Meditation 19, 26, 29, 37, 60, 74–75, 93, 103, 128-129
Metta-Sutta 84
Mittlere Weg 36, 45, 150
Mönche 73
Mudita 84
Mudras 110

N
Natur, meditieren über die 78
Nirwana 19, 40, 45, 50–51, 62, 141

O
Om mani padme hum 89

P
Pilgerfahrten 136
Prinz Siddhartha 21

R
Rad des Lebens 142
Reines Land 128, 133, 150, 152–153
Rinzai-Zen 98–99

S
Samsara 9–10, 16–19, 52
Sangha 10, 46, 68
Schreine 130, 136
Sechs Vollkommenheiten 60–61
Seidenstraße 134–135
Shunyata 65
Sieben Faktoren der Erleuchtung 58
Soto-Zen 103
Sozialverhalten und Buddhismus 104–105
Sphären 140–141
Stupas 130, 146–147
Sutra, singen 90–91

T
Tantra 124–125, 126, 128, 129, 150
Tao 94–95
Teezeremonie 122

Tempel 130
Theravada 11–12, 148
Thich Nhat Hanh 104

V
Vajrayana 124–125
Verwirrung, innere 86–87
Vier Begegnungen 22–23
Vier Edle Wahrheiten 34–37, 45
Vier erhabene Geisteszustände 84
Vinaya 25
Vipassana-Meditation 76, 93
Visualisierung 128–129
Vollkommenheiten 60–62

W
Wahrnehmung 82
Weisheit 37, 42, 57, 60, 62
Weg des Tao 94
Wiedergeburt 33, 35, 40, 55, 142

Z
Zen-Buddhismus 96–103
Zen-Malerei 116
Zen-Meister 96–100, 103

Bildnachweis

Abkürzungen: RMN: Réunion des Musées Nationaux. V&A: Victoria & Albert Museum

Seiten: 14–15 Jeremy Horner/Corbis; **20** Michael Freeman/Corbis; **22** British Library (OR14297F 10–11); **24** Art Archive/Musée Guimet Paris; **39** Art Archive/The British Museum; **40** Pierre Vauthey/Corbis; **42–43** Alison Wright/Corbis; **47** Steve Parry/Impact Photos; **59** Courtsey of the Trustees of the V&A; **61** Neveda Weir/Corbis; **66–67** Getty Images; **69** Steve McCurry/ Magnum; **71** Chris Lisle/Corbis; **72** Peter Turnley/Corbis; **77** Chris Lisle/Corbis; **85** Burstein Collection/Corbis; **89** Charles & Josette Lenars/Corbis; **90** British Library (OR13813); **99** RMN/Richard Lambert; **105** Yves Forestier/Corbis; **106–107** Ian Cumming/Tibet Images; **109** Courtsey of the Trustees of the V&A; **111** Kevin R. Morris/Corbis; **112** David Cumming/Eye Ubitquitous/Corbis; **117** Courtsey of The British Museum; **123** Michael S. Yamashita/Corbis; **131** Michael Freeman/Corbis; **132** Charles & Josette Lenars/Corbis; **134** Pierre Colombel/Corbis; **137** Alison Wright/Corbis; **138–139** Ian Cumming/Tibet Images; **143** DBP archive; **145** RMN/P Pleynet; **148** Courtsey of The British Museum; **151** Tibet Images; **153** DBP archive